心の嵐を青空に

美輪明宏

今まで生きてこられたじゃありませんか。
ですから、ものはついで、
これからも大丈夫ですよ！

美輪明宏

まえがき

人は、この世に産声をあげ、やがて老い崩れて死ぬまでの間、いかなる人も何らかの悩みや苦しみから逃れることはできません。人間関係、金銭問題、仕事関係、能力、病気やケガ、容姿などなど、問題に直面するたびに、「あぁもうダメだ」、「もうおしまいだ」と、なんべん弱音を吐いたことでしょう。

でも、鏡を見てください。ちゃんと姿が映っているでしょう? 鏡に映っているということは、幽霊ではありません。いま、この世に確実に存在し、生き続けてきたのだということなのです。つまりは、悩みや苦しみがあっても、皆さんにはそれを乗り越えるだけの生命力と運命力があったという証拠なのです。

運命と宿命の違いをご存じでしょうか。宿命というのは、この世に生まれる前に、神様や先祖たちが決めた、おおよその年表、つまり青写真のようなものです。おおよそですから、何歳のときに何が起こって、何歳でどうなる、などと、すべてが細かく決定づけられているわけではありません。いつでも手直しや変更ができますし、あるいは、なんらかのきっかけによって、年表が大幅に書き直されることもあるでしょう。その手直しや変更こそが、運命なのです。

ひょっとしたら、宿命年表の数年前には、死ぬ年齢が設定されていたかもしれません。ところが、いまこうして生きているということは、自分自身で宿命を変えてきたという証でしょう。

家庭や職場や他人との人間関係、けがに病気、それら多くの苦難をかいくぐって、おっとどっこい生きている、なんて力強い運命力なのでしょう。こう考えれば、この先も何も心配することはありません。自分には宿命を変えられる運命の力があるのだと信じていれば、どんなことでも乗り越えていけるのです。

さて、一人の人間の中には二種類の人間が存在します。一つは情緒人間、もう一つは理性人間です。情緒人間は、言うまでもなく感情や情念、欲望だけで生きています。ですから、何か問題が起こればすぐに悩み、苦しみ、落ち込み、劣等感のかたまりになって妬《ねた》み、そねみ、ひがみ、自己嫌悪に陥る、あるいは酒におぼれボロボロになる、要するにろくなことがありません。いつまでたっても解決できず、ただただ悲嘆にくれるばかり。

では、どうすればいいかというと、私がいつも言っておりますように、感情や情念の一切を廃して、理性的にクールにチャンネルを切り替える、理性人間の方になるということなのです。

たとえば、人から何かトゲのある、イヤなことを言われたとします。その言葉を情念だけで受け止めてしまうと、腹が立ったり、うらんだり、マイナスの印象ばかりを受けてしまいます。

けれども、何を言われても、理性的にクールにその言葉を受け止めると、腹も立ちませんし、悩むこともありません。受けた言葉を冷静に分析して、自分には必要がない言葉だと判断すれば、「取るに足らぬ人間に言われたこと」と、さらりと聞き流せばよいのです。反対に、これは自分に欠けていた言葉だと捉えられれば、感謝もできますし、さらにステップアップできるのです。捨てるか、役立てるか、取捨選択を冷静にすればいいのです。こうした感情抜きの作業が、いつでも冷静に、そして、瞬時にできるようになれば、ムダに泣き嘆き、怒ることも、争いごともなくなりますから、人生はとてもラクになるでしょう。

この本では、さまざまな悩み相談におこたえしています。ものごとをどのようにとらえて、行動すべきなのか、そのヒントが見つかることでしょう。ですから、「あぁもうダメだ」と思ったときにこの本を開けば、きっとお役立ていただけるものと思っております。

タイトルの「嵐」は情緒、「青空」は理性、とすれば、この本の意味もお分かりいただけると思います。「悩む」よりも「考える」、それがすべてですし、それが心を青空にするということなのです。心を青空にできれば、みなさんは金メダルを獲得したようなものなのです。

強大なる運命力と輝かしい金メダルを兼ね備えていれば、もう何も怖いものはありません。この先も、自信に満ちて、堂々と生き抜いていけるのですから。

美輪明宏

心の嵐を青空に――目次

第1章　感情的にならず、冷静に分析し行動すること

第2章　発想を変えて、プラス思考で

第3章　感謝の気持ちや思いやりを持つことが大切

第4章　自分自身のために人生を歩みましょう

アートディレクション　坂井智明（ブランシック）
デザイン　中島健作（ブランシック）
写　真　御堂義乗
編集協力　太田和枝

第1章

感情的にならず、冷静に分析し行動すること

悩み相談

離婚して母子家庭になりましたが、貯蓄がありません

愛知県　匿名希望（四十八歳）

わたしは二度離婚しており、高三、中三、中一の娘がいます。二度の結婚は、相手に求められ、「わたしでよければ」といっしょになりました。

一度めの結婚では「男児を産め」と義父から催促され続け、不妊治療もし、三人出産しましたが、女児ばかりでした。夫からは「女の子の扱い方がわからない。子どものためにいろいろ我慢したくない」と言われました。

二度めの結婚のとき、一生を共にする覚悟で家を購入しました。娘のための貯金を頭金にしました。二人で働けばなんとかなると思ったのですが、夫は家では

ゲームばかりしていました。仕事には行っていましたが、家にお金を入れなくなり、「いいかげんにしてよ！」と言ったら、二日後に出ていってしまい、連絡もつきません。介護の仕事に忙しく、夫をないがしろにしていたのかもしれません。抱かれるのが苦痛でした。疲れていました。

母子家庭になり、介護士の仕事をしながら、ローン返済などがんばっていますが、貯蓄がありません。子どもの受験費用のことで役所に相談にいくと、「働かせたら」と言われました。娘たちの父親に援助の依頼をしましたが、無視されています。長女は物理、次女は音楽、三女は絵が好きです。好きな道へ進ませてやりたいと思っていますが、娘たちを食べさせていくのが精いっぱいです。母子家庭では進学も諦めなければならないのでしょうか。なにかご意見をいただけたら幸いです。

今は人生の非常事態です

あなたがた家族がいま置かれているのは緊急事態なのですから、ぜいたくなことを言っている場合ではありません。娘に苦労をさせたくないという親心はわかりますが、緊急事態のときには、家族に苦労を分け与えるべきなのです。

「楽あれば苦あり、苦あれば楽あり」で、ローンの返済に苦労するのは、当然のこと。家を買うというのは、一生に一度の大仕事でお祝い事です。つまり、わたしがいつも言っている「正負の法則」で、それだけの「正」を手に入れたら、それと同じくらいの「負」が訪れるのです。楽をして家を建てられるとか、マンションを手に入れられるとか、そんなことはぜったいにありません。

まずあなたがやるべきことは、経済的なことや教育の問題について、感情的にならずに冷静に子どもたちと話すことです。母親としてではなく、女同士として。そして、子どもたちを大人として扱って、おのおのの役割分担を相談しましょう。そうすると、娘さんたちも生きるということがどんなにたいへんなことなのか、お金を百円でも二百円でも稼ぐということがどういうことなのか、理解できるようになるでしょう。

物理でも音楽でも絵でも、そういうものは五十歳になっても六十歳になっても始められます。なにも若いうちに始めなければいけないということでもないでしょう。ソチオリンピックに出場した葛西紀明選手だって、四十歳を過ぎて銀メダルがとれたでしょう。その気になれば、いくつになってもやれるのですから、今はセンチメンタルなことを言っている場合ではありません。

あなた自身のロマンスは当分お預けです

現実問題として、衣食住を第一に考えることです。さいわい家はあるわけですから、住むことは考えなくていいわけでしょう。家を売って目先の学費の足しにしたところで、そのあとは部屋を借りて、家賃を払わなくてはいけません。親子四人が暮らすとなれば、それなりに広いアパートやマンションでなければ無理でしょう。広い部屋が見つからずに別々に住むことになれば、家賃も光熱費も倍かかります。家賃や光熱費の細かい計算をしていくと、今の家に住んで、ローンを払っていったほうが安上がりで快適に暮らせるのではないですか。

亭主が出ていったのは、不幸中の幸い。ストレスにならなくてすむじゃありませんか。穀つぶしがいなくなったわけですから、ありがたいと思いましょう。

そして、あなた自身のロマンスは当分お預けです。いい人だと思って家に入れたとたん、娘に手を出されるということもあるでしょう。娘たちはこれから年ごろになってきますから、あなたの見ていないところでちょっかいを出す男もいます。そういう悲劇が起こらないように、娘たちが自立して、家の中にいなくなってから、自分の相手を探しましょう。

人生には何度も非常事態がやってくるものです。やがて、この非常事態を乗り越えられれば、あなたの、そして娘さんたちの人生が、より深みのあるものになるでしょう。

悩み相談

わがままで頑固な態度をとり続ける姉に、気づきを与えたい

東京都　匿名希望
（四十一歳）

姉のことで相談いたします。わたしの家族は、両親、姉（四十五歳）、わたし、弟（三十八歳）の五人で、両親と姉は北海道に、わたしと弟は東京におります。これまでは、きょうだいの仲はよいほうでした。

三年ほど前、ささいなことで姉と弟がけんかをして、その後、姉は弟と会うのをいっさいやめ、正月も実家に弟がいると、帰郷しなくなりました。わたしは時がたてば気持ちも収まるだろうと放っておきました。

今年、両親の銀婚式にあたり、一年前から家族そろってお祝いの会食をする話が

出ていました。そこで家族が久しぶりにそろうものと思っていましたが、姉は「弟に会いたくない」という理由で欠席することとなりました。それを心配した母が弟に姉と連絡をとるように言いました。弟は「けんかのことは気にしてない」という内容のメールを送ったようですが、それがかえって姉の怒りを買い、いっそう姉は弟のことが許せなくなったようです。

姉はもともと精神が不安定な人で、今までにわたしも弟も、姉の言葉や理不尽な態度を何度となく許してきました。これまで姉のわがままな態度をさんざん我慢してきたのに、ちょっとしたけんかで、たいせつな会食にも出席をしない姉のことがまったく理解できません。

今のままでは、姉が家族から見放され、不幸になっていくのが目に見えています。姉に気づきを与える方法がないものか、美輪さんのお知恵をお借りしたいです。

自分の価値観を押しつけてはだめ

残念ながら、お姉さんに気づきを与える方法はありません。お姉さんの性癖は、持って生まれたものなのですから、いまさらどうにかなるものではないのです。なにより、お姉さんに気づきを与えたいと考えるのは、理性的ではありません。解決策を見つけるためには、論理的に解きほぐしていくことがたいせつです。情緒的に考えていては、いつまでたっても解決策は見えてきません。

あなたが家族をだいじにする気持ちはわかりますが、あなた自身、家族や血のつながりというものを、あまりにも意識しすぎているように感じます。わたしがたびたび申しあげているように、相手を家族やきょうだいという肩書ではなく、一人の人間としてみるべきです。血縁とかＤＮＡとか、そういうものをいちばんに考えるのはまちがいのもとです。

同じ家族であっても、経済的な観念や育った時代の社会構造、生活様式など、環境はすべて異なります。たとえば、お父さんの時代には、パソコンやスマートフォンはなかったでしょう。交通手段も違えば、着るものも違います。そのうえ、いまやなんでも百円で売っている時代でしょう。それこそ、ニューハーフやゲイだって、テレビで観るのは今ではふつうのことですが、お父さんの時代には同性愛は罪悪だったのです。同様に、同じきょうだいであっても、たった二、三年遅く生まれてきただけでも、取り巻く環境は大きく変わるのです。

こう考えれば、同じ家族であってもそれぞれの価値観がみんな違うのは当然のことでしょう。それなのに、親だから、きょうだいだからといって、自分の価値観だけで相手を推し量るのは、とても困難なことなのです。あなたは、お姉さんも弟も自分の立ち位置と同じところにいて、すべてを自分と同じように推し量るべきだと思い込んでいるのです。きょうだいであっても、あなたと同じように物事を捉えるのは無理なことなのです。

お姉さんにも権利や自由があります

たとえ親であっても、子どものことをなにもかも理解していなければいけないということでもありません。また、親から解き放たれて幸せになった人もたくさんいます。仕事もろくにしないでばくちばかりやったり、女をつくって家を出ていったにもかかわらず、都合が悪くなると家に戻ってきて酒を飲んで暴れたりする父親、男をつくって刃傷沙汰になって子どもに迷惑をかける母親など、わたしはたくさん見てきました。そんな親ならいないほうがましでしょう。みんながみんな、絵に描いたようないいお父さん、いいお母さん、いい家族ではないのです。

冷たいようですが、お姉さんは放っておくしか方法はありません。お姉さんをのけ者にしているわけではありませんし、みんなで来てちょうだいと言って、弟さんも「気にしていない」と言ってくれているのに、お姉さんは拒否することを選択しているのです。それは、お姉さんの自由であり、権利でもあります。その自由や権利を奪うことはありません。あなたが両親や弟さんをだいじにしてあげればそれでいいのです。

悩み相談

同居をしている36歳の娘が3年間も口をきいてくれません

熊本県　A子（六十二歳）

娘（三十六歳）のことで、ご相談します。娘は離婚し、孫二人を連れてわが家へ帰ってきて同居をしています。

娘は世間的にも職場でも、優秀で非の打ちどころがない娘で通っております。本人もすべてのことに自信があるらしく、わたしたち夫婦を見下した様子を見せることが多々あります。

その娘が、家ではわたしたちをもう三年も無視し続け、挨拶もしません。最初は思春期のようなものと思って気にしないでおりましたが、娘の意志は固く、話をする気配はありません。

過去に五回ほど「このような生活は嫌だから、話をしたくないなら家を出て自分たちだけで暮らしてほしい」と話し合いの場を持ちましたが、そのときも「出ていかないし、口もききたくない。一生話はしない」とはっきりとした口調で宣言されました。孫のことで用のあるときのみ用件を言いますが、あとは聞こえないふりをしています。

孫がいるので、なんとなく日常は過ぎていきますが、これからどう対処していけばいいか、どういうふうにわたしたちの生活を考えていったらよいか、悩んでいます。また話し合いを持とうと話しかけると、こちらを精神的な病気のような扱いをするようになりました。

美輪さんなら的確なお答えをくださると思って、お便りしました。どうかよろしくお願いいたします。

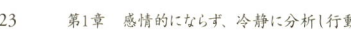

娘さんは愛に飢えているのです

シェアハウスをご存じでしょうか。共同住宅のようなもので、人と話したくなければ自分の個室で過ごして、寂しいときには共有エリアでおしゃべりをしたり、みんなで料理を作って食べたりするのです。いまや若い人だけではなく、中高年でもシェアハウスで生活している方がいるそうです。あなたも、自分の家をシェアハウスだと思えばいいのです。他人同士だと思えばなんでもないこと。娘だとか親子だと思うから、問題も出てくるのです。無理して話そうとしても、共通の話題もないでしょうから、かえって空々しくなって、傷は大きくなるばかりです。

ところで、娘さんが口をきかなくなった原因がお手紙にはなにも書かれていませんね。娘さんが小さい頃からそうだったとはとても考えられません。あなたがたとの同居を機会に口をきかなくなったのでしょう。ふつうはね、人に相談するには、「こういうことがあって、それ以来口をきかなくなりました」と書いてくるものでしょう。娘さんがそこまで両親をけぎらいするには、なにかあったはずなのです。そこをつまびらかにしてこそ、方法論や解決策がみえてくるのです。肝心の原因が欠落していて、今の状態だけを書いてよこして「どうしましょう?」というのでは、わたくしとしても答えようがありません。そういうデリカシーのなさが、娘さんが口をきかなくなった原因なのではありませんか?

優しくほほ笑み穏やかでいましょう

わたくしが思うに、娘さんは、両親に復讐しようとしているのではないでしょうか。もし、ご両親のほうに非があるのであれば、そういう仕打ちをされても当然の報いでしょう。それなら、シェアハウスとして暮らすしかありません。そうして、さらに尊敬される隣人であるような行動をとるのです。つねに理性的な態度で過ごしましょう。

いちばんよくないのは、相手が感情的になっているところに、こちらも感情的になってしまうこと。それでは収拾がつかなくなります。『北風と太陽』の童話を頭に入れておきましょう。娘さんが返事をしようとしまいと、冷たい態度をとろうと、われ関せずで優しくほほ笑み、穏やかでいましょう。孫のお守りも嫌がらず、おいしいものを作ってごちそうしたり、さりげない思いやりと気遣いをずっと絶やさないようにしていれば、自然に反省するでしょう。優しさに勝るものはありません。

考えてもごらんなさい。娘さんは愛に飢えているのです。女盛りですから、男が欲しくてイライラしているのかもしれません。捨てられたというひけ目もあるでしょう。「出もどり」という言葉もありますから、コンプレックスの塊でしょう。

「あなたには、ああいう亭主はもったいないと、神様が取り上げてくれたのよ。よかったじゃない。親子水入らず、うちで暮らしていればそれでいいわよ。世の中全部敵にまわしたって、わたしたちはずっとあなたの味方だからね」と、優しく言ってあげましょう。そうすると、娘さんは、もう怒っていられなくなります。

悩み相談

不妊症と診断され、周囲の幸せを素直に喜べません

京都府　匿名希望（三十一歳）

わたしは子どもが産めません。病院で検査をしたところ、体内に侵入してきた精子を外敵とみなして精子の運動を止めてしまう「精子不動化抗体」を持っていることがわかりました。

それ以来、自分が女性として致命的な欠陥を抱えているということが頭から離れず、人生を楽しめなくなりました。自分のアイデンティティーとはなんなのか、なにを目的に生きていけばいいのか、わからずにいます。

そして、もっとも悲しいことは、まわりの人たちの幸せを心から喜べないことで

す。自分だけが暗闇に取り残されているような気がして、妬みがひどく、ほんとうに自分のことが嫌になります。

わたしのような不妊症にたいして、体外受精という方法が有効だと言われていますが、挑戦したい気持ちは少しはありますが、「子どもを産まない幸せを探しなさい」と運命を定められているような気がしたり、体外受精でだめだった場合の失望感を想像するだけで、おかしくなりそうだったりして、なかなか勇気が出ません。

夫は子どもがいなくても二人で生きていこうと言ってくれていますが、おたがいの両親は、孫が生まれるのをものすごく楽しみにしています。とくに夫の両親には申し訳ないといつも思っています。

美輪さん、わたしに生きる希望を見いださせてください。一度しかない人生、しっかりまっとうしたいです。

試す前に嘆くのはおよしなさい

このような方は、悩んでいるのは世界じゅうで自分一人だけだと勘違いなさる方が多いのです。

不妊治療を受けている方がたくさんいるという情報は、テレビでもインターネットでも、山ほど飛び交っています。しかも、日本だけではなく世界じゅうにいらっしゃいます。挑戦するのはおおいにけっこうじゃありませんか。それなのに、試す前から嘆くのは、ばかばかしいからおよしなさい。

初めにお伝えしたいのは、子どもがいればぜったいに幸せになれると思わないことです。子どもがいたために、不幸のどん底に突き落とされることもあるのです。せっかく生まれても病気になったり、成長したと思えばグレたり、未成年の犯罪のニュースを聞くことだってあるでしょう。そうした負の面はいっさい考えずに、子どもができたら家族みんな明るく健康で、経済的に豊かでなんの苦労もない、それこそ住宅メーカーのコマーシャルのような、温かい家庭を夢見るのは、世の中を知らなすぎます。

それに、子どもとはいつまでもいっしょにいられるわけではありません。共にいるのはせいぜい高校を卒業するくらいまで。それ以降は、進学したり、就労したり、結婚したりで家を出てしまいます。

おそらく、あなたのご主人もご両親も、とてもいい人なのでしょうね。いい人たちばかりのところでぬくぬくと生活をしていると、人は悪いことを探そうとするものです。あまりにも幸せだと、不安を感じるのでしょう。そうして、マイナスの妄想を勝手に膨らませるのです。それではなんの解決にもなりません。自分はどうするべきなのか、冷静に考えることがたいせつです。

夫婦で文化的な暮らしを楽しみましょう

体外受精でうまくいけば御の字ですし、うまくいかなくてもともとでしょう。うまくいかなかった場合にはきっぱりと諦めて、夫婦水入らずで仲よく充実した人生を送る方法を考えましょう。夫婦二人きりということは、恋人同士のままで一生を終えられるわけですから、それもとても幸せなことだとわたしは思います。ご主人がずっとだいじにしてくれれば、あなたはお姫様のまま一生を終えることができるのです。五十歳になっても六十歳になっても、「お姫様だっこして！」と言えるのです。いいじゃない、老いたるお姫様（笑）。

さらに、趣味を見つければ、より充実した時間を過ごすことができます。絵を描いたり、囲碁や将棋に挑戦したり、コーラスグループに参加したり、ご夫婦で社交ダンスを習ったりするのもいいでしょう。世の中には、趣味と実益を兼ねるようなこともたくさんあります。好きなことに時間を費やせば、一分でも時間が惜しくなって、自分自身が充実してきます。神様が人類に文化を授けてくれたのは、そのためなのです。

さあ、ぐずぐず悩んでいないで、ご主人といっしょにダンス教室へ通ってはいかが？　ヒラヒラしたステキなイブニングドレスを着て、ワルツでも踊ってごらんなさい。老いたるお姫様の真骨頂ですよ。

悩み相談

ママ友の育脳にうんざりする一方、どこかで不安に感じます

愛知県　M香（三十六歳）

昨年の六月に念願の娘が生まれました。わたしにとって初めての子です。近所にママ友もできて楽しくやっていたのですが、ママ友の一人のH美が、「育脳」（新生児の脳を育てること）のセミナーに通い始めてから、彼女の言動がいちいちうざったいんです。

ある日を境に、「赤ちゃんの脳って一か月で大人の十年分も発達するんだって！」「左脳をやわらかくするには時計回りになにかを見せるといいんだって」と、セミナーで仕入れてきた知識を熱心に披露し、わたしのやることなすことに、口を挟ん

でくるようになりました。

たとえば、わたしが娘を「〇〇ちゃん、だめ！」と叱ると、「〃ちゃん付け〃で呼ばないほうがいいよ。赤ちゃん言葉を使わずに、一人の人間として接したほうがいい。あと、否定する言葉もだめ」という調子です。「日に何度かは五分ぐらい顔を見つめてあげて」「左脳の発達には紙を破らせたりするといい」などと、たびたび口を挟まれると、正直「うるせぇな」と思ってしまいます。

さらに嫌なのは、それを自分がどこかで気にしていて、言われた翌日に、娘の顔を五分ほど見つめてみようか、などとふと考えてしまうことです。少しずつ育脳がわたしに入り込んでくるのが恥ずかしくて、嫌なのです。

子育ての本質はそんなことではないと思いますが、H美が自信満々なので不安になることもあります。美輪さんはどう思われますか？　どうぞよろしくお願いします。

愛のメッセージ

どこかで彼女に嫉妬しているのです

よいと言われたことは、なんでもやってごらんなさい。相手は月謝を払ってセミナーに行っているのに、それをあなたはただで教えてもらっているのでしょう？　けっこうなことじゃありませんか。

それなのに、「うざったい」とか「うるせぇな」と思ってしまうということは、あなたは、このママ友にたいしてなにかコンプレックスがおありなのでしょう。どこかで嫉妬している部分があるから、むきになるのです。なにもコンプレックスがなければ、「教えてくれてありがとう」と、金持ちけんかせずで、悠々としていられるはずなのです。

でも、紙を破ることが左脳の発達につながるなんて、おかしな話ですね。なんでもかんでも破り癖がついたら凶暴になりますから、これはやらなくて結構です。それとも、このママ友の家に行って、子どもを障子の前に立たせて、「はい、破きなさい。左脳の発達よ！」と言ってみたらいかが？（笑）文句を言われたら、「あなたに教わったのよ」と言い返せばいいのですから。

それはさておき、あなたは自信がないのです。ですから、自分自身の劣等感の元はいったいなんなのか、自己分析から始めましょう。あなたとママ友のどちらが優れているのか、一つ一つ分析してみるのです。

たとえば、脚が長いのはどちらか、お尻が大きいのはどちらか、胸が大きいのはどちらか、器量はどうか、髪の質や爪の形、声の質、教養や知性、話題性、社交術、持っている技術、経済力、生活環境などなど、いろいろなものを○×で評価してみるのです。あなたのほうが○が多ければ、なにも劣等感を抱く必要はありませんから、ママ友が言うことを軽くいなして、上手に遊ばせておけばいいのです。

反対に自分のほうに○が少なければ、その分をなにかで取り戻すために努力すればいいのです。努力目標があれば勉強にもなりますから、あなたの人間としての成長にもつながるのです。

人づきあいは腹六分目に

このママ友は、得意になっているようですから、けっして否定してはいけません。こういう人を敵に回すと、あなたがなにを言われるかわかりません。あなたのことを「いい人」と宣伝してくれるぶんには、最高の情報機関です。この人が話せば、世界じゅうに広がるでしょう。

最後に、読者のみなさんにもご忠告さしあげたいのですが、知り合いを増やすのは結構ですが、仲のよい人を増やそうとは思わないことです。〝腹六分目程度のおつきあい〟にとどめましょう。必要以上に会わないほうがよいですし、相手の話も軽く聞き流す程度にすることです。

どっぷりつかってしまうから、煩わしくなるのです。仲のよい人が多ければ、困ったときに相談に乗ってもらえるとか、お金を貸してもらえると都合よく考えるものですが、そういうときほど、人は遠ざかっていくものなのです。まじめな人ほど、ママ友やＰＴＡの人づきあいで、ノイローゼになってしまう傾向にありますから、交友関係はほどほどにしておきましょう。

悩み相談

好きな高校球児が夢に出てくるほど気になっています

愛媛県　H美（四十歳）

高齢の両親と三人で暮らしています。わたしは、以前は年上の大人の男性に憧れていました。落ち着いていて安心できる性格や外見にひかれていたのに、今は中年になった自分自身の現実から逃避をするように、若い年下の男性ばかりに目がいってしまいます。

同年代の男性がおじさんに見え、十代、二十代の若い男性に本気で思いを寄せてしまい、空想や妄想が止まりません。中高年の芸能人の男性が、かなり年下の女性と結婚する心境もよくわかります。

昔から高校野球が大好きで、たくさんの球児たちのファンになってきました。今は四国にある高校の球児の大ファンになり、ファンレターを送っていますが、自分の年齢で女子高生のような行為をしていることが恥ずかしくて、年齢や身分を隠して手紙を書いています。

その高校球児は関西出身で、卒業後は四国からいなくなるというので、先日はその彼が夢に出てきました。夢は彼が突然姿を消してしまうという内容でした。〝いい年をして〟とも思いますが、彼が四国からいなくなることが、自分でも情けないほどつらいのです。

わたしは子どもの頃から人づきあいが苦手でした。自分の弱いところを見せると、まわりからつけ込まれるという意識もあり、ご近所ともうまくいっておらず、相談できる人もいません。美輪さん、わたしはこれからどうすればいいのでしょうか。

分相応を知りなさい

正気の沙汰ではありませんね。分相応という言葉を知らないのでしょうか。あなたがもし、その高校球児のところまで行って、おつきあいしてほしいと申し込んだりしたら彼はどう思うでしょうか。そして彼の仲間にどう思われるでしょうか。彼のご両親やきょうだい、親戚になにを言われるでしょうか。そこまで考えたことはないのですか?

ふつうなら、そこまで思いやるべきなのです。あなたは自分のことしか考えていないのでしょう。彼のところに押しかけて告白してごらんなさい。ストーカーと思われて警察を呼ばれるのが関の山でしょう。

ただ好きだ好きだと恋い焦がれて、一日中、感情的に思い続けて妄想ばかりしているようですが、よく考えてごらんなさい。彼のファンは、この日本であなた一人きりなのですか。まわりには若くてピチピチしたかわいい女の子のファンがおおぜいいるはずです。そういうファンたちに勝てる自信がありますか？

相手がタレントならまだしも、一般の高校生でしょう。あなたのようなおばさんが押しかけて行ったところをだれかに撮られて、ネットにでも流されたらどうしますか。すぐに全国に広がって、彼の学校はもちろん、ご家族や親戚にまで永久に恥をかかせることになるかもしれません。彼が世間の笑いものになってしまいます。そうなれば、あなた自身も行き場がなくなるのですよ。いいかげんに目を覚ましなさい。

設計図を思い描いてから行動すべきです

あなたにかぎらず、いまは思慮の足りない人がどんどん増えています。ほんとうに嘆かわしいことです。自分がした行為の結果がどうなるか、設計図を思い描いてから行動すべきなのです。そして、分相応を自覚して諦めることが常識なのです。そうして世の中は成り立っているのです。

諦められないのは、知性やものを考える能力に欠けているからなのです。そういう能力に欠けている人が、働かないでブラブラ遊んで暮らし、やがてお金がなくなると、まじめに働こうとは思わずに、人からお金を奪うことを考えたりするのです。強盗事件やひったくりをする人間は、分相応ということを知らないのです。そういう人にかぎって、社会が悪いと人のせいにしますが、すべては自分が悪いのです。

自分にものを考える能力があれば、石にかじりついてでも一生懸命働いて努力できるものです。だからこそお給料がもらえて、きちんとした生活ができるのです。我慢することで折り合いをつけて、分相応な生活をして、分相応な人とおつきあいをして、おたがいに努力と我慢を重ねて生きていく。それが人生の鉄則なのです。

好きな選手を応援するのは否定しませんが、それ以上のことはけっして期待しないことです。四十歳過ぎのおばさんにふさわしい、五十歳か六十歳くらいの相手を探しなさい。年配でもセクシーで包容力があってすてきな人はたくさんいます。あるいは、熟女好きの芸人・綾部（ピース・綾部祐二）さんにくら替えしてはいかが？（笑）

悩み相談

娘からの泣きわめくような電話に、いつもおびえています

広島県　匿名希望

四十歳の娘のことでご相談いたしたく存じます。娘は夫、長男（七歳）、長女（五歳）の四人で隣町に住んでいます。この娘が夫と不仲で、そのことでギャーギャーと電話をしてきます。ほんのささいな話に始まって、自分から事を大きくして、最後には激高します。

不仲の原因は姑《しゅうとめ》さんとの確執です。子どもができるまでは「まだできないのか」とさんざん言われ、乳飲み子を連れて帰省したときには「神経質だからお乳が出ないんだ」と人前で言われたそうです。家を建てる計画のときも、子どもを幼稚園に

入れるときも、なにかあるたびに姑に反対され、それに娘の夫も感化されて娘の言うことに反対するようになり、自分の意見がまったく通らなくなって腹立たしいと言います。

娘は夫から毎月決まった額の生活費を渡されて生活していますが、子どもの行事や習い事で、特別に出費があると、夫が不機嫌になり、当たり散らすそうです。子育ての考え方も夫婦でかみ合わないようで、このごろは子どもの前でも毎日大きな声でけんかをするらしく、孫たちに悪い影響が出ないか心配です。

わたしからみても、習い事に少しお金をかけすぎかなと感じて娘に伝えると「夫に意見して、わたしの味方になってくれるのが親じゃないか。姑さんはいつでも息子の味方なのに、わたしには味方がいない！」とものすごいけんまくで泣きわめきます。自分を正当化するのに必死で、ひとの話など聞く耳を持ちません。

最近は電話が鳴るたびにドキッとし、おびえています。どうすれば娘が落ち着きを取り戻せるか、よい方法があれば教えていただけますでしょうか。

愛のメッセージ

甘やかして育てた親が悪い

少し節約するように言っただけで泣きわめくようなヒステリックな性格の娘さんだから、姑さんのほうもうんざりしているのではないでしょうか。

娘さんが感情的にならない理性的な人なら、姑も夫も耳を傾けるはずです。姑に神経質だと思われているということは、だれにたいしても感情的なのでしょう。姑も意地悪で言っているのかもしれませんが、意地悪を言わせてしまうような短所が娘さんにあるということなのです。

夫というのは母親と嫁のどちらが正しいのか、まるでボクシングのレフェリーのように判断して、ゴングを鳴らすものです。まともな夫なら、嫁が正しいのに、母親ばかりに勝利を与えるはずがありません。月々のお給料をきちんと渡しているのが、まともな証拠。夫は自分の役目をきちんと果たしているのです。渡されたお金で上手にやりくり算段するのが嫁の務めでしょう。赤字になってでも習い事をさせているのであれば、考え直さなければいけません。

優しい態度で娘をたしなめましょう

なにかというと、母親であるあなたに泣きついてわめくのは、鬱憤《うっぷん》晴らしなのでしょう。イソップ物語『王様の耳はロバの耳』の穴になったつもりでいましょう。電話がかかってきたら、受話器をその辺に置きっ放しにして、ときどき「はいはい」と、適当に返事をしていればいいのです。

それは冗談として、自分の思いどおりにならないとヒステリックになるのは幼児性が抜けていないということです。甘やかして育てたあなたに原因があります。そして、わがままは簡単に直るものではありません。

最近、こういう人がとても増えています。自己中心的で、自分はぜったいに正しくて、自分の要求が当たり前で正当だと信じきっているのです。たとえば、町を歩いていて、人や自転車にぶつかりそうになってもよけないで、〝相手がどくのが当たり前〟という人を見かけませんか？　そういう人がとても増えています。

さて、これからどうすればいいかというと、娘に言われっ放しで、弱腰のままオタオタしていてはいけません。諄々《じゅんじゅん》と道理を諭《さと》して、たしなめるべきです。「わたしにはだれも味方がいないと言うけれど、母親のわたしが向こうの味方をするはずがないでしょう。常識で考えてごらんなさい。姑にひと言も文句を言われないように、すべてにおいて先手を打って、非の打ちどころがない嫁と言われるようになりなさい」と、優しく言っておあげなさい。

それから、娘さんは四十歳を過ぎましたので、ホルモンバランスも関係しているかもしれません。生理痛の軽い人と重い人がいるのと同じで、早いうちから更年期障害のように情緒不安定になる人もいるのです。家に遊びに来たときにでも、女は女同士、そういう話をしてみてはいかがでしょう。自分が情緒不安定になるのは、半分は体のせいだと思えば、納得できて少しは気持ちが落ち着くかもしれません。

性格は簡単に直るものではありませんが、母親として、人生の先輩として、やれることをしてあげましょう。

悩み相談

暴言を吐く伯父の家に足が遠のきますが、薄情なのでしょうか

群馬県　匿名希望（三十五歳）

わたしの伯父（六十五歳）について相談させていただきたく存じます。伯父は、高齢の両親、妻、長女と暮らしています。五年前に長男が自殺しています。

昔から酒癖の悪い人でしたが、息子の死を境にますますお酒に溺れるようになって手がつけられなくなり、家を訪ねると、わたしたち姪や甥、自分のきょうだいに暴言を吐くようになりました。

先日はわたしの兄に「この低学歴の母子家庭が！」とどなり、兄は伯父の家には二度と行かないと言っています。伯父の亡くなった長男は有名大学を出ており、わ

たしの父は、幼い頃に他界しています。

伯父の妻は傍観《ぼうかん》しており、伯父が親族に暴言を吐くのを目にしても止めません。長女も関わりたくないようで、あまり家にいません。

今では親戚じゅうが伯父を避けて、伯父の家に行かなくなりましたが、高齢の祖父母のことが気がかりです。伯父は家の者には暴言を吐かないので、祖父母は事情を知らず、「近ごろだれも来なくなった」と寂しがっているようです。

祖父母がいつまで元気でいるかわからないので、わたしとしてはできるだけ顔を見にいきたいのですが、つい足が遠のいています。

伯父になにか言われたくないために、祖父母に会いにいこうとしないわたしは薄情者なんでしょうか。ひと事のような態度をとっている自分が、とても嫌になります。また、伯父が暴言を吐かなくなるようなやり方などはあるのでしょうか。なにかよい解決策がありましたら、教えていただきたいです。

愛のメッセージ

心に防毒マスクを

残念ながら、解決策はありません。自然界には、毒キノコや毒ヘビ、毒クラゲ、毒グモなど、毒を持っている生き物がたくさんいます。スローロリスという目が大きくて、見た目にはとてもかわいい小型のサルも毒を持っているそうで、注意しなくてはいけません。あなたの伯父さんは、それらの毒を持った生き物と同じなのです。

あなたは、毒を持つ伯父さんにたいして、情を持って接しようとしていますが、そんな心構えではやられてしまいます。毒ヘビや毒クラゲに接する可能性がある所へ行くときには、だれでも用心しますし、万が一、毒に触れてしまっても解毒剤で治療するでしょう。あなたも、伯父さんに会うときは、そのぐらいの用心をするべきなのです。

そもそも、毒を持つ生物にたいして、いちいち献身的に愛情を持って接しますか。そんな人はいないでしょう。あなたは伯父さんのことを「乱暴で気が荒いけれども、ほんとうはまともな人間なのだ」と思っているのではありませんか？　あなたと伯父さんは、まったく違う種類の人間であることを自覚すべきです。同じ種類の人間だと思っているのは、すでにあなたが毒にやられ、正常な判断ができなくなってしまっているからです。

伯父さんのような人間に接するときには、心に防毒マスクをして、覚悟をし、手段を講じなければいけません。心の防毒マスクとは、クールな理知、氷で冷やしたような冷たい理性のことです。今のあなたに必要なものは感情よりも理性です。けっして同じ土俵に上がってはいけません。なにか言われても、まともに取り合わないことです。

そして、「触らぬ神にたたりなし」という言葉のとおり、なにより伯父さんには近づかないことが身のためです。おじいさんやおばあさんには気の毒ですが、仕方がありません。そうすれば、健康で平常心を保っていられるはずです。

家族のほうをだいじにしましょう

そして、無理に伯父さんの所へ行こうとすると、「どうして自分が行かないのに、妹のおまえは行きたがるのか」と、こんどはお兄さんと仲が悪くなってしまうことでしょう。お兄さんが伯父さんに侮辱されたということは、同じ環境で育ったあなた自身も、お兄さんと同じように思われているということなのです。

「わたしも侮辱されたのと同じことですから、伯父さんの所へは行きません」と、はっきり意思表示をするべきです。そうすれば、お兄さんも「さすがはわが妹だ」

と安心しますし、あなたの家族も安泰でしょう。自分の家族のほうがだいじです。

こんなろくでもない伯父さんは、赤の他人と思って、放っておきましょう。

親戚だからとか、おじいさんやおばあさんがかわいそうだからと、中途半端なヒューマニズム（博愛精神）で伯父さんの所へ出かけることで、あなたとお兄さんとの関係が悪化してしまえば本末転倒です。自分の家族を守るためにも、いい人ぶって伯父さんの所へ行くのは、もうやめにしましょう。

悩み相談

ケータイでゲームばかりする夫。どうすればやめてくれますか

京都府　匿名希望（三十八歳）

夫（四十四歳）が仕事のとき以外、ケータイ（携帯電話）でゲームばかりしています。離婚するほどではありませんが、不快感が募っています。トイレに行くときも、布団に入っても、家族で出かけるときも、公園で子どもたちと遊ぶときも、一日中ケータイを片手に握っています。九歳の息子もゲームが大好きで、お年玉をためて買った iPad で夫と同じゲームを楽しんでいます。夫とレベルを競い合っているようです。

先日、息子が「パパがケータイのゲームで一万円も課金したんやって。いいなぁ」

と言ってきて驚きました。問いただすとほんとうで、夫がゲームに課金していたことを、そのとき初めて知りました。自分の小遣いでやったことなので夫に文句は言いませんでしたが、なにを考えているんだと、内心は腹立たしく感じました。ゲームにそれだけ多額のお金を使う気持ちがわたしにはわかりません。

気晴らしも必要なので、ゲームをやめてとは言いませんが、子どもの教育にもよくないと思うので、せめて子どもに接するときはケータイを置いて、子どもたちの目を見て相手をしてほしいと思います。何度かそのことを夫に言いましたが、「おれの楽しみだから」と現状を変えようとはしてくれません。

夫は家事にも積極的に取り組み、ケータイを握ったままですが、子どもたちの世話も一生懸命してくれて、ゲームのこと以外は申し分ありません。

どうすれば夫がケータイを置き、顔を上げてくれるようになるのでしょうか？

美輪先生、アドバイスをよろしくお願いいたします。

感情的に言ってはだめ

残念ながら、ゲーム依存症は手の施しようがありません。ただ、世の中にはそれよりももっとひどい人がたくさんいます。競輪や競馬で給料を使い果たしたり、アルコール依存症で暴れたり、女遊びに夢中になって家にお金を入れなかったり。それに比べればまだましでしょう。子どもと遊んでくれて、家事も手伝ってくれるのですから、ゲーム依存症以外はちゃんとした夫なのです。夫にとってケータイゲームは唯一の息抜きであり、娯楽なのですから、ギャーギャー文句を言うと、あなたを憎むようになるでしょう。

夫がゲームばかりに夢中になって自分をかまってくれないことが不満。それがあなたの本心ではありませんか？

ＣＭのように、家族が笑い合って夫が妻の肩を抱く、そんなシーンを夢見ているのでしょう。実際にはそんな家庭は世界じゅう探しても、そうはありません。

それから、子どもへの影響を心配しているようですが、このご時世にケータイやスマホを取り上げてしまうと、友達と会話が通じなくなり、仲間外れにされ、それがコンプレックスになって、性格がねじれてしまうでしょう。社会全体がネット中心の情報社会なのですから、あなたの家庭だけでケータイを禁止したところで、社会全体の足並みがそろわなければ、子どもが犠牲になってしまいます。

ただ感情的にゲームをやめてほしいと言うだけでは、効果はありません。家計簿をつけて家計の状況を夫や子どもに毎月きちんと伝えることです。お父さんの今月の給料はいくらで、それにたいして光熱費、食費、通信費、被服費、給食費など、支払う金額はこれだけありますと、内訳をすべて見せるのです。「これ以上ゲームにお金をかけると家計に響きますから、どこでやりくりするのか考えながらやってください」と、夫にも子どもにも自分で考えさせましょう。そうすれば、ゲームで遊ぶたびに思い出して、だんだん控えるようになるかもしれません。

姿勢が悪くなると冷静さを失います

今は大人も子どももスマホやケータイのゲームに夢中ですね。電車の中でも、歩きながらでも、下を向いて画面を見ている人がたくさんいます。目が悪くなるばかりではなく、姿勢も悪くなります。首が前に出てきてねこ背になると、理性が働かず、感情的な人になってしまいます。

昔のお武家様や寺小屋では、まず姿勢を徹底的に直しました。剣道や柔道も姿勢を正すことから厳しく教えられるわけですが、それは相手の出方をつねに冷静に、理性的に見られるようになるためなのです。野球でも、首が伸びていて、背中がまっすぐな選手は、球がどのように飛んでくるか、つねに冷静に判断したり計算できたりするそうです。

姿勢を正すということは、つまり純正を取り戻すことなのです。人類の祖先は四足歩行で野山を走り回っていたわけですが、それが進化して二本の足で立つようになりました。その過程で脳が発達し、理性を獲得していったのです。ゲームによって、人間が進化前の姿勢となり、退化してしまわないか……、わたしはそれが心配でなりません。

悩み相談

同僚の悪口を言う後輩たちへの接し方がわかりません

東京都　M子（四十八歳）

女性が多い職場で働いています。そこでわたしは年長者ということもあり、後輩からいろいろと相談を受けたり、仕事の愚痴《ぐち》を聞いたりすることがあります。

最近、みんながAさん（三十四歳）の悪口を言うようになりました。きっかけは、わたしが立案したプロジェクトのメンバーに、Aさんを指名したことだと思います。プロジェクトは成果もありましたが、そのときのAさんの言動が、ほかの後輩の反感を買ったようです。

とくに、Aさんの席に近い後輩の不満はピークに達していて、「忙しいことを大げさにアピールしてうっとうしい」「話し声がうるさくて自分の仕事に集中できない」「歩き方もドスドスしていてうるさい」など、しょっちゅう愚痴を聞かされています。

「気にするからよけい気になるのよ。放っておけばいいよ」とアドバイスしても、彼女たちの不満は募《つの》るばかり。わたしはAさんに、なにか言ったほうがよいのでしょうか？　仕事はまじめに取り組んでおり、前向きで積極的なAさんなので、よけいなことを言って、傷つけてもかわいそうです。

また、後輩たちの愚痴をうまくいなす方法はないものでしょうか。今は「ふーん、そうなんだ」くらいに返していますが、つまらない愚痴につきあわされるのもいやです。女性が多い職場で、年長者としてみんなとどう接していけばよいのでしょうか。

悪口は聞き流すに限ります

初めに申しあげたいのは、まずは自分の勘違いに気づいて、正すことです。いろいろと相談を受けるとありますが、年長者というだけで、あなたには係長や課長といった役職があるわけではないのでしょう？　先輩・後輩という、勤めてきた年数の違いはありますが、あくまでも同僚なのでしょう。年長者だからという考えで、みんなよりも一つ上の立場にいるという錯覚を起こして、管理職のように取り仕切らなくては、と勘違いしているのではありませんか。

後輩があなたにAさんの悪口を言ってくるのは、仲間だと思っているからです。

みんなと同じ立場、同列であることを自覚して、頭一つ抜きん出ているかのような感覚はすぐに捨て去りましょう。

そして、けっしていっしょになって悪口を言ってはいけません。組織の中で生きていくためには、「見ざる、言わざる、聞かざる、思わざる」。これがいちばんたいせつなことです。Aさんは仕事はできる人なのですから、悪口の原因は、後輩たちの妬み、そねみ、ひがみです。そういう卑しい人たちと、同じようになってはいけません。

悪口を聞かされても、聞き流していることは正解です。いっしょになって、「そうよそうよ」と同調したり、批判めいたことを言ったりすれば、しめたとばかりに、あなた自身がAさんの悪口を言ったことにされてしまいます。そうして、「自分でプロジェクトに指名しておきながら、悪口を言った」と言われ、あなたが信用を失うことになるでしょう。

人の悪口を言う人はどこにでもいる

こういう問題は、あなたの職場だけではなく、世界じゅうどこへ行ってもあることなのですから、諦めましょう。どこにでも他人のうわさ話や悪口ばかりを言う、おしゃべりスズメがいるものです。

女性が多い職場だからということではなく、男も女も同じです。居酒屋に行ってごらんなさい。サラリーマンたちが、上司の悪口、成績のいい人の悪口ばかり言っているでしょう。仕事のことならまだしも、女性社員にもてると、それさえも悪口のタネになるのです。女性ばかりのサークルやママ友の世界でもよくあることでしょう。ですから、悪口を聞き流す今の状態を保ち続けること以外、道はありません。

Aさんになにか言ったほうがいいのかと質問なさっていますが、なにも言わないことです。声が大きいとか、ドスドスと歩くのは、彼女の性癖ですから、立ち入るべきではありません。仮に、Aさんがしとやかに歩くようになって、声を落として話すようになったとしても、悪口を言う人たちはほかのネタを探すのです。悪口を言いたい人は、どんなになだめてもすかしても、手はありません。人の悪口を言わないと死んでしまう病気なのです（笑）。

あなたもまた陰ではなにか言われているでしょうし、悪口を言っている人もまただれかに悪口を言われているのです。人間世界、どこへ行っても同じです。どうしたらいいかといえば、〝超然とすること〟。ただそれだけです。

第2章　発想を変えて、プラス思考で

悩み相談

自分の非を認めず、周囲に当たり散らす父に困っています

神奈川県　K子（三十四歳）

実家の父（六十九歳）のことで相談します。父は、建設関係の仕事（自営業）をしており、母（六十五歳）は、その事務と農業、地域活動の代表も務める多忙な人でした。母は結婚後、義母、こじゅうとにいじめられ、精神科に入院したこともあります。その後、病気を克服し、義母の介護もしました。その母が、昨年末、脳梗塞で倒れ、重度の障害者になり、現在も入院中です。

末っ子長男でワンマンな父は、母の入院以来毎日病院に通い、家では姉夫婦（自営業の後継者）に当たり散らしては、泣いてばかりいます。父は他人にはいい顔を

して、家庭では暴言ばかりの人です。春に、かかりつけ医で精神安定剤を処方してもらいましたが、落ち着いた頃、癖になるからと自分で薬をやめてしまい、ささいなことで姉の夫に「殺してやる」と、どなったそうです。

今は姉とわたしが交替で父の食事の世話をしています。その姉が疲れ果て、おじやおばに相談しても、父に関わると被害があるから困ると言われました。姉妹ともに家庭があり、子どもや自分たちの精神的安定を保つため、不安定な父とはとても生活を共にはできません。

以前から裏では家族の悪口ばかりを言い、なにかあれば遺産は寄付するだの、殺してやるだのと、たわごとばかりでしたが、こんなときにもそんなことばかり言う父にあきれてしまいます。トラブルメーカーで自分の非を認めない父を、これからどうしたらよいでしょうか？

ふてぶてしく、聞き流すことです

言葉は悪いですが、あなたのお父さんは精神に障害があるようですから、家族というより、患者と考えて接したほうがいいですね。そして、自分は看護師であると考えたほうが、冷静でいられるようになるでしょう。

あなたやお姉さんは看護師であり、介護士でもあり、それがあらかじめプログラムされ、天から授かった職業だと思えば、義務として、使命として、お父さんのめんどうをみることができるようになるでしょう。そういう境遇に押しやられたということは、そこになにか天の配剤があるのではないでしょうか。

一つの考え方ですが、昔の人は自分の身になにかよくないことが起こると、よく宗教の教えを活用していました。つまり、前世や来世、輪廻転生というものを考えたのです。

たとえば、小泉八雲の『ある女の日記』という作品があります。主人公の女性は、三人の子どもを産むのですが、悲しいかな、三人とも赤ちゃんのときに死んでしまうのです。

「こんなに代わるがわる子どもに死に別れるのは、きっとこれは、なにか前の世に犯した罪の罰にちがいない」と、自分自身を納得させるのです。この主人公のように、カルマだからしかたがないと考えれば、少しは気持ちが楽になるでしょう。

お父さんとの接し方についてもアドバイスしましょう。お父さんは、仕事は自営でやっていけるほどですから、経済面ではきちんと自立できる人なのでしょう。ところが、仕事上の人間関係などでいろいろと抑圧されていたり、仕事でたまったフラストレーションを解消するために暴言を吐いたり、暴れてみたりするのです。ようするに、「殺してやる！」と言うのは、ガス抜きなのです。ですから、暴言を吐かれても、「ガス抜きしてるのか」と聞き流せばいいのです。重度の人になると、相手が怖がったりすると、ますますいじめたくなるものですが、なにか言われても柳に風で、さーっと聞き流せば、いじめがいがなくなるのです。なにか言われても相手にしないこと。軽くいなすのが得策です。

ボランティアだと思いましょう

わたしが子どもの頃、近所に精神科病院がありました。そこの先生やベテランの看護師さんは鉄壁のようで、患者になにを言われても、まるで聞こえていないかのように「はいはい」と聞き流して、影響を受けないようにしていました。相手に隙を見せないように完全にシャットアウトしているのです。そうすると、患者もおとなしくなって、なにもしなくなるのです。わたしは幼心に、偉いなぁと思ったものです。

それとは反対に、患者になにか言われたり悪さをされたりすると、まともに影響を受けてしまう看護師たちは、やり返したり、手足を縛ったり、患者に暴力をふるっていました。病院の庭から中の様子が丸見えでしたから。今だったら大問題ですね。

冒頭に申しあげたように、家族全員が看護師のつもりで、お父さんを患者として扱うこと。あなたがたの気持ちが晴れることは、なかなかないかもしれませんが、ボランティアだと思って割りきりましょう。

悩み相談

夫を亡くしてから生きるのがつらく、毎日泣いています

熊本県　M子

一年十か月前に夫（当時五十九歳）を病気で亡くしました。今もそれが受け入れられず、朝起きて泣いて、午前中泣いて、昼泣いて、夕方、夜中と泣いています。母やきょうだいからも「あれだけできた人はいない」と言われるほどの人でしたので、夫を死なせてしまった自分自身が許せません。わたしがもっと頭がよく知恵のある奥さんだったら、人をもっと頼っていたら、インターネットもすらすらできて、一人の医師だけに頼らず、いろいろな情報を調べていたら……。そういう後悔ばかりをしている毎日です。夫がいるときは「パパのことが大好き」と毎日言って

いました。そして、自分のことも好きでしたが、今は自分が許せず、嫌いです。

一周忌までは朝も昼も食事をすることができず、夜は仏壇に供えたものを食べる感じでした。住職さんに「子どもさんがいないのですから、あなたが供養していかないと」と言われ、それから少しずついろいろな人の励ましもあり、食べられるようになりました。

二人とも旅行好きでしたので、定年になったら世界一周しようね、夏秋は海外、二人とも寒いのは苦手だから冬は暖かい国でロングステイ、車で日本一周もしようねと言っていたのに……、すべてかなわない、このつらさ、苦しさ、耐えられない思いです。こういうのを生き地獄というのだと思っています。これからどういうふうに生きていけばいいのでしょうか。助けてください。

先人たちの教えを知るのです

初めに、お悔やみ申しあげます。わたしも数多くの愛する人たちを亡くしてきましたので、あなたのおつらい気持ちはよくわかります。「去るものは日日に疎《うと》し」といいますが、日を追うごとに悲しみや苦しみや孤独感が増してきて、そんなのはうそだと思いました。

それでも三年もたちますと、だんだん記憶が薄れていくのと同時に、エネルギーが日常生活のほうへ少しずつシフトしていくようになりました。あなたも、しばらくの間はおつらいでしょうけれど、悲しみを和らげるのは無理なこと。泣くだけ泣けばいいのです。

でも、泣き暮らしていればいいかというと、そうではありません。愛する人が亡くなった後はどう過ごせばよいか、先人たちの教えとしてあるのは、生活を忙しくしなさいということです。肉体労働でも、神経を使う細かい作業などでもいいですし、忙しくしていれば、悲しんでばかりはいられなくなります。先人たちも、あなたと同じような思いをしてきて、どうすればいいのか創意工夫してきた結果、そういう発想が出てきたのだと思います。わたしも少しの暇《ひま》もないくらい次から次へと仕事を増やして忙しくしたおかげで、だんだんと傷が癒《い》えたものです。

一つだけご忠告申しあげたいのは、霊能者とか、占いとか、新興宗教とかがつけこむ隙を与えないようにすることです。人は悲しみや苦しみのあまり、なにかにすがろうとします。結果、お金だけとられて利用されて、ひどい目に遭うのです。振り回されないようにお気をつけください。

ご主人へプラスの気を送りましょう

お勧めしたいのは、お釈迦様《しゃかさま》や親鸞《しんらん》や日蓮《にちれん》、法然《ほうねん》、キリストが、弟子や人々に伝えた言葉が書いてある本を読むことです。発想の転換として、一度ご覧になってはいかがでしょうか。洋の東西を問わず、申し合わせたように同じなのは、死ぬ前に思いを残さないようにすべてを告白させること。遺産や対人関係の恨みつらみなどすべてを吐露《とろ》させて、ゼロにしたうえであの世へ送るのです。そうすると、次の段階へ出発するための前進が始まるのです。

ところが、あなたのように、ああしておけばよかったとか、旅行へ行くはずだったとか、悲しい想念ばかりを向こうへ送ると、相手は申し訳なかったという後悔で前へ進めなくなります。旅行できなかったのは運命なのですから、これ以上は後悔の想念を送らないようにしましょう。

「こちらのことは心配しなくてもだいじょうぶです。元気であなたの供養をします」と、仏壇の前ででも、どこにいてもつねに話しかけましょう。そうすることで向こうのご主人はあなたからのプラスの気を受け取りますから、あなたにもプラスの気を送ってくれるようになるのです。

なぜあなたが残されたのか。お寺の住職がおっしゃるように、あなたには供養するというお役目があるのです。与えられた責務として、優しい愛に満ちた心で供養し続けましょう。それだけ愛し合ったご夫婦なのですから、来世でもまたいっしょになれることでしょう。

悩み相談

自分勝手な父や母に、感謝の気持ちが持てません

滋賀県　匿名希望（四十八歳）

昨年、妹が亡くなりました。四十五歳で小学二年生の子どもを残しての自殺でした。妹の夫は世間知らずで頼りないうえに足が不自由なので、子どもは育てられないだろうということで、わたしの両親が孫を預かって育てることになりました。近くに住むわたしたち家族になんの相談もせず、勝手に決めて今日に至っています。

それなのに、父は夜中にわたしに電話をかけてきては病院に連れて行ってくれと頼み込んできます。病院に行くと安心して血圧が安定するということです。どんなに翌朝早くても連れて行くわたしに父は「人生には寝られない日もある」と言い、

お礼のひと言もありません。母もうつ病で先月まで通院していました。そんな状態で、父や母になにかあったとき妹の子どもをどうするのか。わたしに押しつける気なんだろう、わたしだって二人の子どもの育児でたいへんなのに、と怒りが湧いてきます。

わたしが幼い頃から、父と母の夫婦げんかは頻繁で、父が母に馬乗りになることもあり、わたしは殺人事件になるんじゃないかと恐ろしくて眠れぬ夜もありました。なので、結婚したら仲のいい家庭をつくり、幸せになりたいと思っていました。世の中の本には「感謝」とか「許しなさい」という言葉がいっぱいですが、わたしは自分が育った環境がとても嫌いで、妹を責めずにわたしを責める親にそういう気持ちは湧いてこないのです。この先、父や母にどう接していけばいいのでしょうか。

逆の立場で考えてみてはどうでしょう

まずは、あなたと両親は、前世では立場が逆だったと考えてみてはいかがでしょうか。さんざん子どもに苦労をかけてひどい目に遭わせた親が、次の世では立場が逆になってひどい目に遭わされるということがあるようです。立場が逆になれば、親にひどい目に遭わされた子どもが、どういう気持ちだったのかわかりますでしょう。自分のせいでつらい思いをしていたかもしれないと考えれば、単純に両親を責めることはできなくなるでしょう。

そして、妹さんの子どもの気持ちを考えましょう。あっちへやられ、こっちへやられ、じゃま者扱いされて、自分はいらない人間なんだと思っていることでしょう。それはあまりにもかわいそうだと思いませんか。あなたが同じ立場ならどうですか？

あなたは、子どもの頃からご両親がけんかするのを見てきて嫌な思いをしてきたのでしょう。でも、あなたは家にいられるという保証があって、これまで生きてこられましたし、自分はいらない人間なんだという気持ちを持たなくてすんだのです。けれど、その子はあなた以上につらい思いをしているのです。ほんとうに気の毒なことだと胸が痛みます。

あなたは、すぐ感情的になってしまうタイプなのでしょう。それはやはり、ご両親の血をひいているからなのです。ご両親は大げんかするくらいですから、感情を抑えきれずに生きてきたのでしょう。両親と同じようにならない、つまり感情的にならないことが、あなたに与えられた人生の課題の一つなのです。なにがあっても感情をコントロールできる人間にならなければなりません。

姿勢を正せば考え方も正常になります

物事を冷静に捉えるためのアドバイスを一つ。それは、姿勢を正すことです。あなたは、あごを前に出して、猫背で、下腹を出して、腰が丸まって、前かがみになってはいませんか。そんなロダンの彫刻「考える人」のような姿勢でいれば、どんな人でもマイナス思考になるのです。頭のてっぺんから尾てい骨までまっすぐにしていると、気持ちがしゃんとしてきて、マイナス思考になろうとしてもなれないものです。

昔の武家社会で姿勢を正すことをしつけられたのは、行儀よくするためだけではなく、正常な思考回路をつくるためでもあったのです。猫背になったと気づいたら、すぐに姿勢を正しましょう。姿勢を正すことを習慣にすれば、だんだん考え方も正常になってくるでしょう。

妹さんの子どもにたいしては、このままじゃま者扱いをしていると、あなたを一生恨むようになります。反対に優しくしてあげると、一生恩に感じて、あなたのことをだいじにしてくれるようになります。おばさんは、二人の子どもの世話でもたいへんなのに、嫌な顔をせずに自分の子どもと同じように育ててくれてありがたいと、老後はあなたのめんどうをみてくれるかもしれません。

両親にたいしては、なにを言われてもロボットのように感情を出さずに、冷静にクールに接することです。こうして、あなたの人生の課題の一つを卒業しましょう。

悩み相談

暴言を吐く母の介護がつらく、頼る人もいません

匿名希望（五十四歳）

実家の母（九十歳）は、十数年前に父が亡くなってから独居でしたが、四年前から膝が悪くなり、二年前にリウマチも発症して寝たきりになりました。今は週五日を短期入所施設で過ごし、二日を母の家でわたしと過ごしています。わたしは平日は介護の仕事をしていて、夫、二男一女と暮らしています。長男は障害を持っています。

母はこちらが一生懸命に介護をしていると感謝の言葉を口にしますが、わたしの体調がすぐれないときなどは暴言を吐きます。施設ではわたしの悪口、家ではヘル

パーさんの悪口ばかりです。言い合いになると「子どもが親の世話をするのは当たり前、そんな根性だからあんな子どもが生まれるんだ」という始末。わたしも母に暴力をふるったことも、死ね！　と暴言を吐いたこともあり、老人ホームに入れることも考えています。でも、年老いて病に苦しむ母親がかわいそうでもあり、わたし自身もいっぱいいっぱいで、日々気持ちが揺れています。

わたしは一人っ子で他に頼る人がいません。実家のネコに会うのを心の支えにしていたのですが、半年前に突然いなくなり、それも介護のつらさに拍車をかけています。今もいなくなったネコを思うと泣けてきます。きょうだいがいれば老人ホームに入れる後ろめたさも何分の一かになるだろうにと思ったり、更年期も重なって、なにもしたくない気持ちになるときもあります。これから、どんな気持ちで生きていけばよいのでしょうか。

好きなだけガス抜きさせてあげましょう

介護の仕事をなさっているということですから、職場で人のめんどうをみて、家でも親のめんどうをみて、苦労が絶えないこととお察しします。

でも、まず申しあげたいのは、あなたと同じ悩みを抱えている人が、数えきれないほどいるということです。この世界で、あなた一人だけが苦労しているわけではありません。おそらく、読者のみなさんのなかにも、同じ悩みを抱えている方がおぜいいらっしゃることでしょう。

それから、きょうだいがいれば悩みや苦労が半減するかといえば、けっしてそうではありません。たとえば、両親と同居していたり、近くに住んでいたりという理由で介護を押しつけられて、きょうだいはなんにも手伝ってくれないと悩む人もたくさんいるのです。同じきょうだいなのになぜ自分ばかりがこんな目に遭うのかと、悩み事がもう一つ増えることになるのです。その点、あなたは一人っ子なのですから、だれかを当てにすることはありませんし、腹が立つことも、裏切られることもありません。きょうだいがいれば、実情は恨みつらみが増えるのが関の山でしょう。

お母さんの悪口雑言は火山の噴火のようなもの

さらに、年をとるというのはどういうことなのか、いい機会ですからお話ししましょう。人間、九十歳にもなれば、これまで良識や理性によってコントロールしていた感情が、ちょっとしたきっかけでいっぺんにタガが外れて、噴出してしまうのです。そうすると、良識や理性がばかばかしくなって、長年たまりにたまったドロドロとした感情が、マグマのように爆発してしまうのです。年をとるとは、そういうことなのです。年をとるほどに理解力があって、ろうたけて、洗練された人間になれるというのは、夢のまた夢です。よく年をとると子どもに返るといいますが、純真無垢な子どもに返る人は、残念ながらわずかです。男も女も、わがままいっぱいの手に負えない悪ガキになる人が多いのです。

ですから、お母さんの悪口雑言は、火山が噴火していると思えばいいのです。あなたのこともヘルパーさんのことも、噴火する一つの材料にすぎないのです。過去のつらかった人生を、だれかにぶつけてガス抜きしたくてしょうがないのでしょう。そして、あなたがお母さんにたいしていろいろ言ってしまうのもガス抜きなのですから、そんなに深く考えすぎないようにしましょう。富士山と阿蘇山がけんかしているようなものなのですから。

テレビで温泉や海外旅行に出かける家族の様子が放送されると、楽しげに見えるでしょう。でも、一軒一軒のご家庭に聞いてごらんなさい。いろんなことがあるから、そこへ逃げるのです。「いずこも同じ秋の夕暮れ」、それでみんな生きているのです。どこの家庭も同じ悩みを抱えていますし、今はそうでなくても、年をとればだれでも同じ不安を抱えることになるのです。

お母さんにはしたいだけガス抜きをさせてあげて、あなたも適度にガス抜きをしながら、お母さんの人生を見届けてあげましょう。

悩み相談

義父の借金返済と周囲の無理解に疲れてしまいました

岐阜県　匿名希望（三十四歳）

結婚して六年、六十代の義父母と夫、二人の子ども（五歳と二歳）の六人暮らしです。嫁ぎ先には義父の多大な借金があり、わたしは婚約したときから借金の保証人になりました。今は複数の消費者金融からの借金を夫と共に返済しています。滞納している税金もあり、わたしの独身の頃の貯金もすべて返済に使いました。

義父はいま入院中で、義母は孫のめんどうをみるから、と家にいます。夫は勤めに出ていて、わたしも子どもを産んですぐに職場復帰しました。職場では人間関係に悩み、ノルマもきついですが、辞めるわけにはいきません。

夫の弟は大学まで出してもらったのに、両親へいっさいお金の援助をせず、家を建てて奥さんと子どもと三人で暮らしています。わたしたちの家は古く、トイレは外にあり、お風呂や洗濯場所も離れていて不便ですが、改築したくてもローンなどを組める状態ではありません。

そんなある日、義母がお風呂にも入らずに夜中までテレビや電気をつけっ放しで寝ていることを夫が注意すると、「孫をこんなに世話してやっているのに！」と、ものすごい勢いで怒りました。ショックでした。

わたしたちがどれだけたいへんかわかっていない義母、子どもへの負い目、知らんぷりの義弟……。夫のことが大好きで結婚し、自分で選んだ道だからと必死でがんばってきましたが、だんだん力が出なくなってきました。美輪さん、この先どうすればいいのでしょうか。

愛のメッセージ

保証人になったら命をさゝげたも同然です

あなたの場合、わたしがいつも言っている「正負の法則」が、もろに当てはまったということでしょう。ものすごく好きで好きでしょうがない相手を見つけたことは、大きな「正」です。

多くの人たちは、「この辺で手を打とう」と、適当なところで妥協して結婚しているものです。いくら恋愛結婚だといっても、あなたのように無我夢中で好きになるような大恋愛は、そうそう授かるものではありません。ところがあなたは授かってしまったのです。ですから、それと同じくらいの分量の「負」がやってくるということなのです。

よく簡単に保証人になる人がいますが、保証人になるときは、自分の命と引き換えにするくらいの覚悟をするべきなのです。

結婚する前に婚約者の家の借金の保証人になるなんて、こんなばかげた話はありません。婚約したときに、ほれた男のために覚悟を決めて負を背負うことを承知したのが、すべての苦労の発端です。婚約したときに保証人になったということは、結婚後には命まで取られるくらいの苦労をするのを、すでにそのときに暗示していたのです。

夫をものすごく愛してくれているあなたには、義父も義母も、それだけで感謝してありがたいと思わなければいけないはずです。ところが、感謝するどころか、若い女性のあなたを平気で保証人にさせるなんて常識がなさすぎます。

結婚の条件として、ほれたはれたという愛情とか欲情は、いっさい勘定に入れてはいけなかったのです。でも、そういう家にお嫁に行ってしまったわけですから、もうしかたがありません。

発想の転換しか道はありません

この先、どうすればいいのかと言いますと、現状を変えることはできませんから、発想の転換あるのみです。まず、弟さんのことは、初めからいないものと思えばいいのです。まったく家のめんどうをみないということは、いないも同然。いると思うから不満が出て腹が立つのです。もともと兄弟のいないところへ嫁に行ったと思えばいいのです。

義母のことも、しゅうとめとは思わずに年配の保育士を雇っていると思いましょう。しかも、給料を支払わなくてすんでいると思えば、気持ちも少しは晴れてくるでしょう。

ろくでもない無責任な義父母のいる家に嫁に行ったわけですが、そうした負を穴埋めするだけの見返りはなにかと言えば、夫でしょう。夫に抱かれているときのエクスタシーがすべての報酬なのです。もしかしたら、いまその報酬に慣れてきて、物足りなくなってきたのではありませんか？　そういうときは、いろいろと愚痴が出てくるものです。

とにかく、婚約したときに大きなプラスと引き換えに、マイナスを手に入れてしまったのですから、いまさら愚痴は言わないことです。言えば言うほど、つらくなります。それよりも、ものの考え方や発想の転換を図れば、今のままでも楽に生きられるはずです。

悩み相談

いやな目にばかり遭うのは、先祖の報いなのでしょうか

京都府　K美（四十八歳）

わたしはしょうもない人生です。

丙午《ひのえうま》生まれだったので、母のおなかにいるときに、しゅうとから「中絶しろ」と言われたそうです。生まれてからは偏屈な父に、あれもだめ、これもだめと言われ、気に入らないからとよく殴られていました。

できちゃった結婚をした夫はマザコンで、子どもを置いて出て行きました。その夫と離婚後に社内恋愛をして結婚した二度めの夫は、子どもができたあと、会社で問題を起こしてクビになり、また離婚しました。

この二度めの夫との間の子どもは障害があり、わたしが引き取りましたが、この子のおかげで何度もまわりから嫌なことを言われ、これまで何回泣いたかわかりません。

わたしは子どもや老人を助けたり、小さな親切を心がけたりしていますが、わたしの人生はずっとしょうもないことばかりです。母がしゅうとに言われたとおりに中絶してくれてたら、生まれてくることもなくて楽だったのにと思います。来世は生まれてきたくありません。子どもの将来にも失望しており、わたしが死ぬときは障害のある子どもも道連れにしようと思っています。

わたしが嫌な目に遭うのは先祖の報いか、あるいは、父が若いときに妊娠させた女性を中絶させたことの報いなのでしょうか……。ふつうに暮らしている人がうらやましいです。こんな前向きでないわたしにアドバイスをお願いします。

迷信から目を覚ましなさい

どうしようもありませんね。丙午生まれがなんなのでしょう？お母さんは、妊娠中にしゅうとから「中絶しろ」と言われたそうですが、ほんとうはお母さん自身があなたを産みたくなかったのでしょう。心から子どもを望んでいれば、そんなことは言わないはずです。くだらない迷信を信じて、子どもであるあなたに「中絶しろ」と言われたことを伝えるなんて、バカ親のすること。人間として恥ずべきことです。

わたしの知人に、あなたと同じ丙午生まれの女性がおりますが、大手を振って、生き生きとしています。あなたは、世の中のすべての丙午生まれの人が不幸だと思い込んでいるだけなのです。もういいかげんにその迷信から目を覚ましなさい。

まずは、これまでの人生を振り返って、発想の転換をしていきましょう。あなたはなにも運が悪いわけではありません。最初の結婚は、その男とエッチしたかったのでしょう？　好きなだけセックスしたかったわけですから、いい思いもしたはずです。避妊をしなかったのは、子どもが欲しかったからでしょう？　セックスして、子どもも授かったわけですから、運が悪いとはいえません。

二度めの結婚もそうです。社内恋愛をして結婚したとありますが、バツイチ子持ちでも、夫はあなたを選んでくれたわけでしょう。客観的にみれば、幸せな結婚ではありませんか。それなのに、クビになったことで、どうして離婚したのでしょうか。どんな問題を起こしたのかわかりませんが、あなたを選んでくれた夫なのですから、愛しているのなら苦労してでも夫を支え、やりくり算段して共に生きていくべきなのです。それなのに簡単に離婚して、あなたからは人にたいする愛情が少しも感じられません。

一度めの結婚も二度めの結婚も、いいことはたくさんあったはずです。にもかかわらず、悪い面しか見ずに、それを丙午生まれに結びつけて、不幸な運命だと思い込んでいるのです。

被害妄想が自分を苦しめるのです

わたしが子どもの頃、同級生の美人の女の子がよくいじめられていました。スカートに赤いインクをつけられて、「生理だ！」とはやしたてられていたことを覚えています。障害がなくても、いじめられたり、いろいろ言われたりすることはあるのです。子どもに障害があるということで、ご苦労をされていると思いますが、自分だけ、自分たち家族だけが、という被害妄想が、じつは自分をいちばん苦しめ、自分で不幸を招いているのです。

あなたにお勧めしたいのは、障害のある子どもを持つ親のサークルやＮＰＯ（非営利組織）などのグループに参加することです。他の人たちの生活を知ることによって、自分がどうやって子どもを育てていくべきか、道がみえてきて、これからの生き方の参考になるはずです。そうすれば、もう、しょうもない人生だとか、丙午生まれだから不幸だなんて言ってはいられなくなります。役所で聞いてみたり、インターネットでいろいろと調べたりして始めましょう。さぁ、行動あるのみです！

悩み相談

優しい夫が浮気をしています。どうすればよいですか

匿名希望
（五十七歳）

自営業（農業、造園業）の家に嫁いで三十年以上になります。子どもは自立し、夫（五十七歳）、義母（八十五歳）と暮らしています。

五年前に亡くなった義父は、昭和一桁生まれで、無口で頑固、夫とも確執がありました。仕事ひとすじでしたが、晩年病を患い、入退院を繰り返し、リハビリ、介護のすえ他界しました。長かったです。たいへんでした。

きゃしゃなわたしでは農家の嫁は務まらないと、結婚するときは両親に反対されましたが、なんとかやってこられたのは、優しい夫と義母のおかげです。感謝して

います。夫は目標が高く、がんばり屋さんで、ユーモアもあって、会社員にはない魅力がありました。非農家からなにも知らずに嫁いできて驚くことばかりだったわたしを、いつもかばってくれました。

その夫のことで、数年前から気になることがあります。それは女性です。原因はわたしにあります。わたしが閉経後、あまりの痛みから夜の営みを拒んだことから始まったのだと思います。わたしも知っている人で、わたしよりも五、六歳若いです。わたしが知っていることは、夫は知りません。

うそをつくのはむなしいですね。人の気持ちは移りゆくもので、押さえておくことはできないのでしょうか。この先、わたしはどのように過ごしていったらよいのか、今後の身の置き方、身の振り方をご教示いただければ幸いです。

愛のメッセージ

慌てる必要はございません

あなたの場合、なにが問題になっているかといいますと、ご主人の排せつのことだけなのです。欲求を処理できないままでいるというのは、トイレのない家に住んでいるようなものです。ですから、ご主人の行為は、よその家のトイレを借りにいっていているだけのこと。人間ですもの、排せつ物がたまっているのに家で排せつできなければ、我慢できなくなるのは当然です。ご主人もまだ若いですし、あなたも自分のせいだということはわかっているわけですから、なにも気にすることはありません。

相手の女性は自分よりも五、六歳若いと書いてありますが、相手をライバルだと思っているから、そういう言葉が出てくるのです。相手はライバルどころか、女でもなければ人間でもありません。相手の女性のことは、ご主人が排せつするためのただの便所だと思えばいいのです。

ご主人は、結婚してからずっとあなたに優しくしてくれているわけですし、お父さんのめんどうをみてくれたあなたへの恩義は忘れていないはずです。このことは割りきって考えるほうが得策です。

これはあなただけの悩みではありません

あなたのような悩みは、閉経後の女性たちの共通の問題です。口に出して言うか言わないか、違いはそれだけでしょう。あなたと反対に、閉経後に欲望が増す人もいるようですが、一般的には性欲が衰えて、「夫に望まれるとめんどうくさい。浮気でもなんでもいいからよそでやってほしい」と思っている人は少なくないでしょう。

ただし、体を求められてもぜったいに応じられないと拒み続けるのではなく、なるべく受け入れ態勢ができるように、夫婦でがんばってみてはいかがでしょうか。自分自身は欲望がなくなったわけですから、下半身だけ貸しているような、義務でセックスするような、そういう感情になるのはしかたがないことだと思います。でも、思い出してみてください。初めてセックスしたときは、痛みを伴ったはずでしょう。処女を捧げたとき、痛みで快感を味わえなかったという女性は多いといいます。ですから、またその原点に戻ったと考えればいいのです。優しいご主人なのですから、あなたのために協力してくれると思います。

昔はたくましい大人の男が好きだったのに、今は美少年が好きという人がいたり、性的な対象がぐるぐる変わっていく人はいっぱいいます。こういうエッチの仕方じゃなきゃだめだと言っていても変わることもあるのです。あなただって、いつどんでん返しがくるかわかりません。

男性も人それぞれです。三十代で勃起しなくなる人もいるし、かと思えば、九十歳になっても盛んな人にお会いしたこともあります。

これは、あなただけの悩みではありませんし、女性も男性も性欲にたいしてはいろいろです。こういうことを頭に入れておけば、ご主人が浮気をしても、いちいち愚痴をこぼしたり、不安になったり、驚き慌てる必要はさらさらございません。

こんど、浮気相手に会ったら、「いつも主人がお手洗いを借りにいってすみません」と、心の中でさらりと言っておやりなさい。

悩み相談

精神が不安定な姉との関係作りに悩んでいます

岩手県　匿名希望
（四十四歳）

わたしは、父、母、姉と四人で暮らしています。二歳上の姉には心の病があり、二十代から入退院を繰り返しています。食事中にいきなり泣いたり、よろめいたりするのはまだいいほうで、ひどいときは、自分の頬を何度もたたいたり、自分の世界に入ってしまって何時間もブツブツと独り言を言っていたりします。

数年前には自費出版の言葉に引き寄せられ、怪しい出版社に大金を渡しかけたことがありました。最近では、すでに妻子のいる初恋の男性に何度かプレゼントを贈って、先方のご家族を困惑させてしまったようです。車で自殺しようとしたことも、これまでに二度ありました。

ときには、妹のわたしにも「母と二人でわたしの悪口を言っている」とか、「わたしのパソコンをいじって小説の内容を書き換えたの?」などと言ってきます。わたし自身もそんなにメンタル（精神面）が強くないので、この先がかなり心配です。いちばん苦しいのは姉だとわかっていても、耐えきれなくなって爆発し、きつい言葉で姉や母を傷つけたこともあります。

姉もわたしも独身で、結婚する予定も、その気もありません。両親が死んでしまったら、姉とわたしの二人きりの生活です。両親は七十歳を過ぎていて、今は元気ですが、いずれは……。そのとき、姉とどう向き合うか、考えると恐ろしいです。病とはいえ、苦楽を共にしてきた友でもある姉。そんな姉と二人きりになってしまったとき、どうすればよい関係を築けるのか、よろしければアドバイスをお願いいたします。

愛のメッセージ

社会の害毒の仕業です

難しい問題ですね。これはお姉さん一人の話ではありません。同じような家庭はあちこちにあり、社会全体の問題です。原因は、人々の生活の中に文化がなくなっているからだと、わたしは考えています。

たとえば、絵を描くことも文化の一つです。油絵や水彩画、塗り絵でもいいのです。材料や技法はそれぞれ違いますが、絵を描いているあいだはだれもが集中し、穏やかで心優しい人になれます。あるいは美術館に絵を観に行って、自分なりに絵画の背景を想像することで、心や脳や細胞が美しくなるのです。

音楽も昔は北原白秋が作詞したもの、滝廉太郎が作曲したものなど、すばらしい作品がたくさんありました。山田耕筰が作曲し、三木露風が詞をつけた『赤とんぼ』もいいですね。短くて、わかりやすくて、芸術性の高い歌詞と、美しいメロディーがすっと心に入ってきて、しみじみとする曲がありました。

ところが、最近の漫画や劇画は、ギャーという断末魔の形相を描いたものが多すぎます。ゲームもそうでしょう。手が飛んだら何点、首が飛んだら何点、そうして点数を稼いで進むようなゲームで子どもの頃から遊んでいるために、心がすさみ、現実と非現実の区別がつかなくなっているのです。

映画やテレビドラマでも、暴力シーンの多いものが増えています。そういう映像を日常的に見せられているから、猟奇的な事件も起こってくるのではないでしょうか。今の社会は、建築物やインテリアも含めて肉体的にも精神的にも害毒になるものであふれ返っているのです。

車だって、昔の箱型ののんびりしたものではスピードが出ないからと、新型の車はみんな流線形になっているでしょう。高速道路でも時速百キロ以上は出してはいけないのに、百八十キロ以上も出る車など、ほんとうは必要ないでしょう？

利益ばかり優先する企業があり、それを黙認する政治家がいて、その人たちに投票する国民がいる。そのツケが害毒となって社会に蔓延しているのです。

できるだけ美しい文化に触れる生活を

あなたのお姉さんも、外へ出るとさまざまな害毒に触れざるをえないために、正常ではいられなくなってしまったのでしょう。できるだけ美しい文化に触れる生活をすることが望ましいのです。そうした生活をしていくことが、社会の害毒から身を守ることにつながります。

さて、お姉さんとの今後の生活についてですが、一人にしておくのが心配なら、この先も共に暮らしていくしかありません。その場合、お姉さんを病気の人だと思わないように、発想を転換することをお勧めします。「なくて七癖」と言うように、だれにでも癖はあります。なにかあれば、「ああ、また癖が出ている」と思えばよいのです。精神が不安定な人といっしょに暮らしていると思うと、気が重くなるのは当然ですし、まともに受け止めると、つらくなってしまいます。「また癖が始まったな」くらいに思えば、かるくいなせるものです。お姉さんといっしょに暮らしていく最善の方法は、それしかありません。

悩み相談

まともに挨拶《あいさつ》もできない男と娘の交際に反対しています

佐賀県　匿名希望（五十八歳）

娘の交際相手のことでご相談いたします。娘は二十八歳で、保育士をしております。親の目から見ても、まじめで素直ないい娘で、まわりの人からも、いい娘さんと褒《ほ》めていただいたことも多々あります。ですので、初めて娘の彼と会ったときには、「どうして!?」と思ってしまいました。茶髪にメッシュにピアスの外見で、まともに挨拶もできず、とても常識のある社会人とは思えません。おまけにギャンブル（競馬）をして、女癖も悪いようです。娘より二歳下で、仕事は現場作業員です。娘はいままでまともに男の人とつきあったことがほとんどなく、女友達は多いのですが、男を見る目はなかったようです。頭ごなしに反対したらかえって反発すると思い、そのうちに目を覚ますだろうと様子をうかがっておりました。しかし、まもなく交際して二年になります。「ちゃんと会ってほしい」と言われ、しかたなく夫といっしょに会いましたが、話を聞くと、家庭環境が悪く、彼の母親は離婚して、その後ずっと籍を入れずにつきあっている人がいて、その人の仕事は金貸しだと言っていましたが、どうもやくざがらみの人のようなのです。

夫も反対していますが、娘はもう一度だけ彼に会ってほしいと言っています。何度会ってもわたしたちの気持ちは変わりませんが、娘としては、親に祝福してもらいたいと思っているようです。今後、親としてどういう態度をとればいいのか、アドバイスをいただきたいです。

毒の魅力に取りつかれたのです

世間知らずの堅気の家で育った人は、こういうことになりがちです。悪い男ほど魅力があるのです。毒は甘いと言われるように、体に悪いものはおいしいのと同じ。たとえば、カルメンにしても、どうして男を惑わすのかといえば、魅力があるからなのです。毒の悪い魅力ですね。

善良な人というのは、心は許せるし、優しいし、かげんのいいお風呂に入っているようなもの。だけど、それだけでは男も女も性的魅力は感じられません。反対に悪い男も女も、セックスアピールがムンムンしていて、キスにしてもセックスにしても技術を持っているのです。世間知らずのお嬢さんが、そういう男に引っ掛かったら、ひとたまりもありません。頭ではダメだと思っていても、体が言うことを聞かないのです。

お嬢さんが他の男性ともつきあいがあれば、悪い男に引っ掛かったりしなかったかもしれません。比べる対象があれば、「なんて男なの？」と、冷めることもあるでしょう。

お嬢さんの場合は、比べる対象がなさそうですし、今は彼しか見えなくなっていますから、まわりが反対すればするほど燃え上がって、なにもかも捨てて家を飛び出してしまうかもしれません。そうなる前に、親としてお嬢さんに忠告はしておかなければいけません。

「いっしょになっても、他にも女をつくられるし、子どもが生まれれば子どもといっしょに捨てられるかもしれない。どん底になろうが、不幸になろうが、それはあなた自身の責任であって、わたしたちには責任はありません。親としての責任を果たすのは反対することです。それ以上は言いません。だから、あとでなにがあっても恨まないでほしい」と、きちんとお嬢さんに伝えましょう。

最終的にどうするかはお嬢さん自身が決めることですし、決めたことにたいしては、とやかく言わないことです。それが親としての義務を果たす、ということなのです。

格好だけで判断しない

ただ、茶髪とピアスという見かけだけで拒絶反応を示して、大慌てで結論を出してはいけません。彼のどんなところが魅力なのか、お嬢さんの話も一度じっくり聞いてあげましょう。セックスのことは聞けないでしょうから（笑）、それ以外のところで、どこにほれたのか、お嬢さんに細かく聞いてごらんなさい。

とかく、家庭環境に問題がある人は、ほんとうはいい子なのに、家庭環境のせいで心の中に土砂が積もっているものです。その土砂を取り除いてやれば、きれいな思いやりのある魂を持っている、という人もたくさんいます。わたしが知っている不良の坊やも、中身はかわいそうになるぐらいいい子もいます。それから、神戸や東北の震災のボランティアには、茶髪、金髪、ピアス、鼻ピアスの若い人たちもたくさんいました。ド派手な格好をしていても、中身が違うからびっくりされた人もたくさんいたようです。

もう少し様子をみてはいかがでしょう。茶髪やピアスは、いまや当たり前でしょう？

家庭の苦労を知っている人は、世の中の地獄を見ているはずですから、用心深いけれど、しっかりしてるかもしれません。意外と掘り出し物かもしれませんよ。

悩み相談

性行為を強要された過去を引きずり、笑顔になれません

新潟県　R子（二十七歳）

わたしは十六歳のとき、年齢を偽って働いていたスナックで三十二歳上の電気工事会社の社長Aと知り合い、性行為を強要されていました。当時、スーパーの品出しなど昼間の仕事もして、定時制高校に通っていました。

授業中も、携帯電話にAやスナックから「今日店に出てほしい」とひっきりなしに連絡がありました。その頃、生活が苦しく食べるものにも困っていたので、心のどこかで、これで助かると思っていました。Aは「あんた仕事してるじゃない」と、援助はしてくれませんでした。

Aと性行為をすると、べろんべろんに酔い、血を吐くまで家に帰してもらえませんでした。身も心も限界、そういう生活が三～四年続き、成人式を迎えるころには、同世代の子たちより十歳は老けて見えました。

二十歳になると、Aはわたしから去っていきました。わたしが夜学に通っているばかだから、こんな女一人の人生なんて物みたいに扱ってもよいと思っていなければ、けっしてできないことでしょう。Aやスナックの連中からも逃れた今も、見えない敵と戦っている感じです。たいせつな成長期にあんな生活をしていなければ、この一五三センチの身長ももっと伸びていたかもしれないし、仕事やいろいろな選択肢が増えていたのではないかと落ち込みます。わたしに笑って暮らせる日は来るのでしょうか。Aはどこかできっと笑って暮らしているだろうと思うと、胸が張り裂けそうです。悲しくて。

被害妄想はおやめなさい

過ぎたことを毎日グジグジと考え続けることが、なんの足しになるのでしょうか。損するばかりで、得にはなりません。すべては正負の法則で、なにかを得ればなにかを失い、失えばなにかを得られるものなのです。たとえばセックスについて、地獄の苦しみだったと言いますが、痛みや苦しいばかりで、一度も快感を味わったことはなかったのでしょうか？　そうじゃないでしょう。快感も味わっていたはずなのです。

女性は、昔からしたたかで恩着せがましいのです。自分は冷感症で、股を広げて性器だけ貸してあげたかのような、恩着せがましいことを言うのです。計算高くてずるい！　なぜ男性と対等の立場に立とうとしないのでしょうか。「けっこう快感を得られたし、まぁまぁ上手だったわよ。また次もがんばってちょうだい」と、言ってもいいのです。

つきあっているときは対等だったはずなのに、別れるとみんな演歌みたいに「捨てられた」と言うのです。あなたはゴミなのですか？　なぜ別れたと言わないのでしょうか。別れたと言えば、一対一の関係で、相手と平等であり対等でいられるのです。

自分を勝手に被害者に仕立てて、相手を加害者にしていますが、二十歳になるまで四年も関係が続いたわけでしょう。いやなら呼び出されても行かなければいいだけのこと。警察に相談すれば、当時のあなたは未成年ですから、相手は捕まるでしょう。そうしなかったのは、彼にひかれていたからでしょう。スナックにしても、たった一軒しかないのですか？　ほかの店で働かなかったのは、経済的に助かっていたからでしょう。つまり、すべてあなた自身の意志で決めていたことなのです。「夜学に通っているばかだから、こんな女一人の人生なんて物みたいに扱ってもよいと思っている」とありますが、そう言われたのですか？　被害妄想です。年のわりに老けこんだとありますが、そうでなくても老け顔なのかもしれません。なんでもかんでも被害妄想する人は、放っておいても老けますよ！

泣いて生きるも人生
笑って生きるも人生

とにかく、前進するためには、これまでのことを一つずつ自己分析することです。年齢や性別は関係なく、一対一の人間同士としてどうだったのかと考える必要があります。過去の被害妄想にしがみついているから、足がすくんで前へ進めないのです。自分で自分の足かせの鎖を解いて、前へ進みましょう。まずは、〝白鳥麗子〟

と改名することをお勧めします。わたしはこの漫画（※）が大好きです。白鳥麗子は、ぜったいに自己否定しない、自己肯定だけです。プラス思考だけで、世の中を渡っていけるんですもの。泣いて生きるも人生、笑って生きるも人生です。

わたしなんか数えで八十歳です。二十七歳でばばあになったなんて生意気です。やっとこれから大人になっていくのです。人生の中学校、高校と進むための勉強をもっとしなければいけません。苦労して人生の小学校を卒業したからといって、威張るんじゃありません！

※鈴木由美子『白鳥麗子でございます！』（講談社）

第3章

感謝の気持ちや思いやりを持つことが大切

悩み相談

年老いていくお金のない彼に、愛情が薄れていきます

熊本県　S美（五十二歳）

わたしには二十一歳年上の彼がいます。おたがい独り身で、初めはわたしのほうが一方的にほれた状態で、もう五年ほど続いています。

離れて暮らしていたおたがいの子どもも、二人の関係については承諾しており、これまでとくに問題はなかったのですが、彼の息子が離婚して帰郷し、わたしの娘も子連れで家に戻ってきて、環境が変わりました。

いま彼は、基本的には、わたしの家で食・住を共にしています。彼の息子も仕事の都合で、月に十日ほど、わたしの家でいっしょに夕食をとっています。

彼はお金に余裕がなく、一人では食べていけないと思います。彼の息子が多少のお金を入れてくれますが、とても足りません。

彼の息子は来年あたりに再婚する予定で、彼は息子よりもわたしにめんどうをみてもらいたいと思っているでしょう。でも、お金が回らなくなったら、わたし自身、どうしても不平不満が出てしまうでしょう。

そしていまや、自分は彼女ではなく、ただの飯炊きなんじゃないかという思いがどうしても消えません。けれど、だんだんと年老いていく彼を見ると、むやみに別れることはできません。

だいじな人が、彼から孫に変わってしまったのかもしれません。これからわたしは、どのような心持ちで生きていけばいいのでしょうか。

いますぐ心を入れ替えなさい

金の切れ目は縁の切れ目、金が敵の世の中、ということでしょうか。あなたも、お金の心配さえなければ、純粋に愛情やロマンだけで生きていけたのかもしれません。お金は現実そのものです。現実の味つけが加わると、愛情やロマンはグチャグチャに踏みつけられてしまって、それだけでは生きていけなくなってしまうのです。なんとも悲しいことですね。

「だんだんと年老いていく彼を見ていると、むやみに別れることはできない」とあるように、まだ少し、愛情が残っているようですね。

けれども、あなたがこんなふうに考えているということを彼が知ってしまったら、どんなに悲しくて、つらくて、情けない思いをすることでしょう。いままで相思相愛でいっしょに暮らしてきて、あなただって彼によってどれほど助けられてきたことでしょう。娘や孫たちとの同居が始まり、経済的に負担になってきたのかもしれませんが、あなたを愛してそばにいてくれたことを、ありがたいとは思えませんか。

とかく女は、経済的な問題が浮上すると、価値観ががらりと変わってしまって、自分がやってあげてる、飯も炊いてやってる、というように恩着せがましく考えてしまいがちです。〝してやった病〟にかかってしまうのです。では、あなたはなにも食べないのでしょうか？　自分も食べているくせに、どうしてやってあげていると思うのでしょう。女ってほんとうにずるい生き物よねぇ。

読者のみなさんも、よく耳をかっぽじって聞いてもらいたいものです。やってあげているという恩着せがましい精神は、いますぐ捨てるべきです。自分一人で生活していても食事は作るし、掃除もするでしょう？　食事を作るのも掃除や洗濯をするのも、すべて自分のためにやっていると思うこと。家族の分はそのついでにやっているものと考えましょう。

相手の身になって考えてごらんなさい

結局のところ、あなたは彼にたいしてドキドキ感やありがたみを感じなくなってきたのではありませんか？　あなたは彼のために人生をささげたと一方的に思っているようですが、彼も彼の人生をあなたにささげてくれたのです。あなたに今いちばん欠けているのは、彼にたいする感謝の気持ちです。

相手の身になって考えてごらんなさい。自分がどれだけ罪深いことを考えているか、よくわかるはずです。彼がいるおかげでどれだけ精神的に助かってきたかということを、もう一度根底から考え直しなさい。それでも嫌ならさっさと家から追い出して、孤独なババァになればいいわ。もうあなたのような恩着せがましい女のことなんか、だれも愛してくれないし、いっしょに暮らしてもくれないでしょう。

さいわい、彼の息子がときどきお金を入れてくれているのでしょう?

この先も変わらずに彼と暮らしていけば、自分の親父のめんどうをよくみてくれていると、息子もあなたに心から感謝するでしょう。〝情けは人のためならず〟、ゆくゆくは、自分のためになるのです。さぁ、いますぐ心を入れ替えなさい!

悩み相談

夫といるのが苦痛で、同じ場所にいないようにしています

山口県　匿名希望

六十代、結婚四十一年めの夫婦です。子どもは三人とも結婚して家を出て、現在は二人暮らしです。二歳上の夫とは見合い結婚で、夫は婿養子として家に入りました。夫は会社勤め、わたしは両親と農業をしながら生活してきました。三年前に夫は定年退職して、野菜作りを始めましたが、夫はわたしのやり方が気に入らず、おたがい別々に農作業をしています。

以前、夫が酒を飲んだときに、わたしのことを好きだとか、いとしいと感じたうえでの結婚ではなかったと言い放ちました。夫は酒の席でのことだと言うのですが、

酒が入っていたからこそ、日ごろは自制していたかもしれない本音が口をついたのではないかと思うのです。

田舎ですので、地域での一家庭としてのつきあいはしていますが、家では夫の不機嫌な顔を見るのも、言葉を聞くのも嫌でたまりません。食事のとき以外はなるべく同じ場所にいないようにしています。夫は、嫌なら家を出ろと言いますが、もともとはわたしが生まれ育った家ですので、出て行く気はありません。

相続のことも気がかりで、先祖から受け継いだ田畑や財産を息子や孫に引き渡すまでは夫より先に死んでたまるかと思っています。世間では〝別居婚〟とか〝卒婚〟とか、よく耳にしますが、財産と農業での生計があるゆえにそれもできかね、鬱屈《うっくつ》した日々を送っています。わたしのこれからの生き方にアドバイスをお願いします。

あなたの出方しだいです

おたがいさまです。いとしいと思ったことがないと、口に出すか出さないかの違いだけで、あなたもそう思っていたのではありませんか?

鏡を見るようなもので、ご主人の本音は、あなた自身の姿なのです。

けれども、おたがいに忘れているのは、子どもが三人もいるということです。そんなに嫌な相手なら、セックスはできませんから、一人も生まれないはずなのです。矛盾していますね。おたがいにいとしいと思ったから子どもができたのでしょう。

子どもが大きくなって、何年も性交渉がないから、そのときのことをすっかり忘れてしまって、愛情もなにもなかったことにしているのです。結婚してから、我慢の日々だったかのように書いてありますが、そうではない月日もあったことでしょう。

ご主人があなたにいろいろ言うのは、婿養子だという負い目がずっと劣等感になっていて、それをなにかにつけ思い知らされることがあったからでしょう。たとえば、「家を出て行け」と言われたとき、「ここはわたしの家よ。婿養子のあなたこそ出て行きなさい」と、言ったりしていませんか？ あるいは、「あなたみたいなどうしようもない男を婿にしてやったんだから、もっと遠慮深くしたらどうなの」という気持ちが、どこかにあったのではありませんか。そういう言葉や態度は、ご主人の傷に塩をもみ込むようなものです。

自分に非があるようなことは一つも書いてありませんから、ご主人を傷つけてきたとは思いもよらないのでしょう。相手のせいにすれば、自分が有利になって浮かばれると思ったら大まちがいです。

感謝の言葉ですべて終わります

まずは、結婚してからこれまでのことを、足し算引き算で冷静に、客観的に計算してみましょう。子どもが三人できて、跡取りもできました。ご主人が婿に来てくれなかったら、あなたの代で終わったのです。セックスの喜びも知りました。初めて結ばれてドキドキしたことや、翌朝に顔を合わせたときのなんともいえない気持ちを思い出してごらんなさい。

さらに、今は農業もやってくれています。ナマケモノのだめ亭主なら、「やってられるか」と言うでしょう。やり方が違うと言われたことにたいして文句を言う前に、ご主人なりに研究しているのだと思えませんか？

あなたはずっとやってきたやり方を守ろうとしているだけで、ご主人のほうは効率的なやり方とか、いろいろ改良してやっていきたいのかもしれません。こう考えれば、マイナスよりもプラスのほうが多いはずですし、感謝すべきところがたくさんあるでしょう。

ご主人は、あなたの出方ひとつでいくらでもひっくり返ります。なかなかできないかもしれませんが、少しずつ「うそだろ?」というくらい優しいところを見せてごらんなさい。

「おかげさまで子どもが三人できて、先祖代々のこの家も廃屋にならないですみます。感謝しています」と。この言葉ですべて終わるのよ。自分も気持ちよく、楽になるはずです。だって、あなたの本音を伝えるのですから。

悩み相談

「食べたら吐く」をくり返す摂食障害に苦しんでいます

滋賀県　匿名希望（二十九歳）

美輪さん、こんにちは、はじめまして。わたしは昭和六十年生まれの二十九歳です。

わたしはもうかれこれ十年以上、摂食障害という病気にかかっています。高校生のとき、ダイエットをしたのがきっかけです。最初は自分でお弁当を作り、食べる量をとても少なくするということをしていたのですが、ダイエットの途中から吐くことを覚え、そこからはずっと〃食べては吐く〃を繰り返しています。

高校を卒業して専門学校に通っているときも治らず、卒業して仕事に就いてからも、食べては吐くことを繰り返しながら、なんとかやってきました。でも、三か月前にとうとう体力がもたなくなって、仕事を辞めました。そして、自分が生きる意味がわからなくなってしまいました。

先月、「もう死のう」と思い、自動車で崖から落ちましたが、死ねませんでした。もういい年なのに恥ずかしく、情けないのですが、家族に頼りっきりで毎日することがありません。早く働かねばという思いで焦る気持ちと自己嫌悪に陥り、なにもできない自分に涙を流すばかりの毎日です。

わたしは摂食障害の治療をしながらでも、仕事を始めたほうがよいのでしょうか。そして、これからどうやって生きていけばいいのでしょうか。美輪さん、どうかどうか未熟なわたしにアドバイスをお願いいたします。

愛のメッセージ

禅寺修行をお勧めします

食べたら吐かなければ、という思い込みが習慣となって吐いているのでしょうから、そういう習慣を変えられるような環境に身を置くことをお勧めします。

そのために、一度、禅寺での修行を体験されてはいかがでしょうか。断食を経験したり、おかゆを食べたり、朝早く起きて掃除をしたり、お経を唱えたり、瞑想したり、生きるうえでの禅問答をしたりするのです。日常とはまったく違う環境で生活することで、食べることの意味がわかってきます。

食べ物をできあがったものとしてみるのではなく、お米にしても野菜にしても、一杯の水でも、どれだけ多くの人たちの手間がかかっているのか、そのありがたみがわかってくるでしょう。そうして感謝できるようになれば、食べ物をすべて自分の血や肉にしないと申し訳ないと思えますから、吐き出すことはできなくなるのです。

わたしは朝起きて水道の蛇口をひねると、流れる水に話しかけています。「いつもありがとう。うちの家族も従業員も、友人、知人、世界じゅうの動物も植物も、みんなおかげで命ながらえていけます。その人たちについている悪霊、怨霊、生霊を全部洗い流して、清めて、蒸発させて、天上界へ送り込んでちょうだいね」。そう言うと、水がぷるぷるっと震えて、「オーケー、任せておいて！」と答えてくれているように見えるのです。あなたには、こうした感謝の気持ちが足りないのでしょう。

痩《や》せているほうがモテると思うのは大まちがい

それから、あなたは痩せていないと男にモテないと思い込んでいる肥満恐怖症ではないですか。そういう強迫観念は捨てること。マリリン・モンローのような肉体美の女のほうが男にモテるということを意識すればいいのです。

女性誌で二の腕ダイエットなんて特集があったりしますが、それは女側の理論です。男側としては、胸の谷間と同じくらい、むっちりとして柔らかそうな腕を見ると、触ってみたくなるものです。わたしの知人の弁護士は、「好きな女性のタイプは、骨盤がバーンと張っていて、太ももが太くて、下腹がぷっくり出ていて、二の腕がむっちりで……」と、いつまでたっても顔の話が出てこないものですから、「顔はどうなの?」と聞いたら、「顔はついていればいい」と言っていました（笑）。

昔、ハリウッドにメイ・ウエストという有名な大女優がいました。この人は、美人というよりも大姉御という雰囲気の女優さんでした。でも、グラマーでセクシーでしたから、トーキー映画の初期の頃、たいへんな人気だったのです。日本では、男も女もガリガリに痩せていいるほうがいいと思っている人たちが多いけれど、最近は相撲の人気がまた高まっているように、太った体に肉体美を感じる人が増えてきました。ラグビーや柔道の選手も人気が出てきましたね。

人間の美は、痩せているかどうかだけで決まるものではありません。食べる意味や生きる意味を知って、心身ともに健康的で美しい女性になりましょう。

悩み相談

他人が得をしているのを目にすると、許せなくなります

長野県　匿名希望（四十六歳）

お金の絡む問題で損をしていると感じると、怒りと不公平感で心がざわつきます。とりたてて貧乏を経験してきたわけではありませんが、小さい頃からしみついてきた感覚で、根っからのケチなのかもしれません。わたし自身のポリシーもあり、できるだけ質素に暮らしていますが、今の暮らしに不満はありません。

けれどもさまざまな場面で、他の人が得しているのが目につくと我慢なりません。たとえば、子ども会の集まりで残ったものを分けようとなったときに、主催者が「よく働いてくれたからあなた持っていって」とだれかに言い、それをすんなり

もらっていく人を見ると、「えー、みんな条件同じじゃん!」と頭にきます。「わたしももらっていい?」と言えばいいのかもしれないけれど、「えーっ」と冗談でも言われたくないので言えません。小さなことだけれど、やっぱり公平にやってほしい、と不満が募ります。

障害のある娘が通うサークルの月謝のことも納得がいきません。過疎地に住んでいるため、二時間かかりますが、娘には必要なことだと思って参加しています。そのサークルが今年から福祉事務所の助成がある地域の参加者からは月謝を取らないことになりました。ですが、わたしが住む町の福祉課だけ「お金がない」の一点張りで助成をしてくれないので、実際はうちだけが月謝を払っています。同じことをやっていて、さらにうちだけ時間も交通費もかけていくのになんで……。ものすごく頭にきてしまいます。

「損して得取れだ」と奮い立ってみても、気力がもちません。どうやったら気持ちが晴れるのでしょうか。

想像力が足りません

お菓子をもらえなかったからといって、なにも死ぬわけじゃないでしょう。ケチとか金銭感覚がどうとか、そういうことではなくて、「どうしてわたしだけがこんなに不幸なの?」という、あなたの被害妄想に問題があるのです。

他の人がお菓子をもらっていったとありますが、その人は、じつはあなたよりももっと不幸なのかもしれません。主催者の方は、その事情をよくご存じで、さりげなくその人にお菓子をあげたと考えれば、納得できませんか? 主催者の方は、事情をあからさまにするとその人が傷つくでしょうから、知らないふりをして「持ってらっしゃい」と言ったのかもしれません。

あなたは自分がお菓子をもらえなかったという、そこばかりに焦点を当てて、その先を考えていないのです。それでは想像力がなさすぎます。他の人がお菓子をもらっていったというストーリーの裏に、それなりの理由が隠されていることもあるのです。

見方を変えれば、その人に比べればあなたはまだ恵まれているのよ、と言われているようなものではありませんか。「その人は、わたしよりもよっぽどたいへんで、貧しくて不幸だからお菓子ももらえるし、まわりの人からもよくしてもらっている。それなら、わたしもその人を励ます意味でよくしてあげなくちゃ」という気持ちにはなれませんか。

なにかにつけ、自分がいちばん不幸で、どうしてわたしだけが、と自己主張ばかりするのは、思いやりに欠けている証拠です。助成金に関しては行政のことですので、あなた個人ではどうすることもできないでしょう。どうしても助成を受けたいのであれば、いま住んでいる町から引っ越すしかありません。けれど、引っ越しにかかる費用のことを考えれば、現実的には月謝を払い続けるほうが経済的でしょう。

行政についてもっと勉強しましょう

いま、地方の過疎地は税収入が少ないからたいへんです。そうした行政の仕組みについても、詳しく勉強するいい機会だと思います。過疎化が進めば、ますますその地域に暮らす人たちは苦しい思いをして、さらに人が離れていってしまいます。これは、不公平なことが許せないという、あなただけの小さな問題ではありません。もっと大きな問題なのです。

読者のみなさんも、自分がどれだけ税金を支払っているのか、トータルで計算してごらんなさい。住民税、所得税、土地家屋の税金、消費税、さらには年金、医療保険料や介護保険料を支払っているわけでしょう。これだけたくさん支払っていながら、さて、この先に十分な保証があり、だれもが安心して暮らしていけると思いますか？

なかなか、思うような社会にならないということは、言うまでもなく政治の問題なのです。あなたも、読者のみなさんも、国の予算がどのような割合でなにに使われているのか、よくよくお調べになって、日本を変えられるのは自分たちだという強い意識を持って暮らしていきましょう。

悩み相談

義母の気づかいや心配りを苦手に感じてしまいます

神奈川県　匿名希望
（三十五歳）

結婚して六年、夫婦関係はよく、子どもは二人います。夫の両親は新幹線で一時間半の距離に住んでいて、会うのは年に二、三回です。結婚当初から、わたしたちにとても気をつかってくれて、よけいな口出しはほとんどしてきません。とくに義母は、頭の回転が速く、「気づかいの人」です。わたしも甘えるほうが楽だし、そのほうが円滑に進むと思い、帰省したときは、なにかと義母の好意に甘えています。ただ、部屋数のこともあり、食事はいっしょにとりますが、宿泊はいつもホテルを利用しています。

はたから見たら恵まれているのだろうと思いながらも、義母と接するのが苦痛です。自分でもなぜだかわかりません。わたしも働いているので、「子どもが熱を出したときはどうしているの？　いつでも行ってあげるからね」とよく言われるのですが、義母に頼むよりも、お金を払ってシッターさんに頼むほうが気楽で、一度も頼んだことはありません。孫に会わせる回数を増やしたほうがいいのかな、たまには温泉にでも誘ったほうがいいのかな、などと思うこともありますが、正直、おっくうです。

わたし自身は三世代家族で育ち、祖母と母の仲がずっと悪く、祖母が母にいやみを言い、母がふてくされて後から文句を言っているのをさんざん見てきて、子ども心にすごく嫌でした。それで、「嫁と姑はわかり合えない」と思い込んでいるのかもしれません。義母との距離は広がるばかりで……。このままでよいのか悩んでいます。

お姑さんは救世主です

「三つ子の魂百まで」という言葉どおりですね。幼い頃に見聞きし、体験したことで形成された性格は百歳まで続くといわれています。あなたも、子どもの頃に祖母と母の仲が悪かったのを見て嫌な思いをしてきたことが、今も深層心理として心の中に残っているのです。それがトラウマ（心的外傷）になっているのでしょう。わたしたちも同じようになってしまうのでは、という気持ちが、心の奥深くまで根を張っているのです。

そのトラウマを克服するために、今の環境があると考えてはいかがでしょうか。

世の中は、あなたの祖母と母のような関係の人ばかりではありません。ですから、「それにひきかえ」という言葉を、頭に入れておくことをお勧めします。「うちの祖母と母はいつも悪口を言い合っていて、嫌な部分ばかりを見てきた。それにひきかえ、こんな家庭もあるのね。それなら、わたしは祖母や母のようにならないようにしよう」と考えればいいのです。悪い見本を見てきただけなのに、だれもが同じだと思うのは錯覚ですし、思考の範囲が狭すぎます。

神様から与えられた人生の課目と思って

世の中には、質のよい人間と質の悪い人間が存在します。あなたは、その両方を知ることができたわけですから、じつは恵まれているのです。初めに質の悪い人間を見てきたからこそ、今の質のよい世界へ来られて幸せだと感じることができるのです。あなたには、その両方を体験するという人生の課目が、神様から与えられたのではないでしょうか。質の悪い人間のいる所から解放されたということは、卒業証書をもらったようなもの。そしてこんどは、質のよい世界をお勉強しなさいと、神様がうまいぐあいに計らってくれたのでしょう。

闇が濃ければ濃いほど、光の明るさを見極められるようになるのです。質の悪い暗い世界のままで人生を終える人もいるのですから、感謝しなければいけません。あなたの祖母と母は、おたがいに感謝がなかったのでしょう。あなたも感謝が足りません。いいご主人で、子どもも授かって、さらに子どものめんどうをみてくれるという、人のいいお姑さんもいるわけですから、恵まれすぎています。姑とのいさかいで悩む嫁は、世の中にごまんといるわけですから、そういう人たちからみれば、ぜいたくな悩みです。

お姑さんの好意にたいして、身構える必要はありません。加虐性のある人間に飼われたイヌやネコは、別の所に引き取られても、なかなか人を寄せ付けません。おびえて檻《おり》から出てこなかったり、触ろうとすると歯向かったり、逃げたりしますが、それでも愛情を持って接していると、「こんな優しい人間もいるのか」と、だんだん慣れてくるものです。今のあなたも同じ状態でしょう。嫁と姑はわかり合えないと思い込んでいるようですが、血のつながった親子でもなかなかわかり合えないものです。お姑さんは、あなたのひどいトラウマを治すために救世主として現れてきてくれたありがたい人、そう思って、素直に好意を受ければいいのです。

悩み相談

同居の約束を破り、嫁が新居を構えてしまいました

千葉県　T子（五十七歳）

長男（三十二歳）の嫁（三十二歳）のことで相談です。長男は結婚するときに「おれは家を継ぐので、親と同居でよければ結婚してくれ」と言ったそうです。嫁は迷うことなく了承したようです。そこで、十五年前に増築した家を取り壊し、キッチンは嫁の好みを取り入れて新築しました。その後、嫁は妊娠し、つわりのときに新築の臭いがダメだと実家に帰りました。そのまま実家で出産し、孫が生後一か月の頃、わたしたちが留守にしているあいだに、自分の荷物を全部持って出ていきました。

翌年には、家から十分の所に家を新築する計画を立て、勝手にローンも組んでいました。これには長男も怒り、離婚も考えたようですが、子どものことを考えて思い直したようです。家が完成し、引っ越していきました。

そして、嫁の復職後、孫が保育園に入るまで、嫁の親とわたしで孫を交替で預かる予定を心待ちにしており、長年勤務した職場も退職し、待機しておりました。しかし、預かるのは土曜日だけでいいと言われてしまいました。「もう少し預かれるから」と息子にも話したところ、嫁からメールが来て「ふつう、女房の実家がめんどうをみるものだからさ。M男（長男）が育児に口出ししてくるとイラついて離婚したくなるから、子どもを預かりたいと言わないで」という内容でした。

同居するはずが勝手に出ていき、こんどは孫まで……。この嫁に、これからどう接したらいいのでしょうか。

息子も娘も、所帯を持てば他人です

あなたは、あなた自身が過干渉であることに気づいていますか？　息子の結婚にたいして、必要以上の幻想を抱いていたのではありませんか？　孫のめんどうをみるために、長年勤めた仕事を辞めたとありますが、息子やお嫁さんに頼まれたことなのでしょうか。頼まれてもいないのに、自分の勝手な思い込みで辞めたのであれば、それは恩着せがましくてはた迷惑なだけです。息子さんも嫌になるでしょう。

覚えておいていただきたいのは、息子も娘も、所帯を持てば他人になるということです。親から離れて、新たな独立国を築くのです。ところが、親たちはその独立国を植民地のように、永遠に統治できるかのような錯覚を起こしているのです。それが今の摩擦のもとなのです。

子どもを産んだときから、その子はいずれ独立した国家をつくり、そこの大統領なり、あるじになるんだと思っていればいいのです。やがて、変声期や初潮が始まれば、独立の準備を始めたんだと思うこと。子どもが大人びてきてもなお、独裁しようとすると革命が起こるのです。

さらにいえば、このお嫁さんは、へその緒がまだ実家とつながっているのです。結婚しても実家から離れられず、まだ娘のままでいるのです。こういう人が結婚するのはまちがっているのですが、それはさておき、勝手にさせておきなさい。なにより、手がかからなくて結構じゃありませんか。お嫁さんは、もともとよその国の人なのです。初めは同居していたとありますが、お嫁さんにとっては南米かどこか、外国にでも来たつもりでいたのでしょう。そのうち、「わたしはこの国では暮らせないわ」と、帰っていったのです。

人間だって動物と同じ、生きる場所は人それぞれ

さて、人間も動物と同じです。たとえば、シロクマは南の国では暮らせないでしょう? 金魚も海では暮らせません。深海を好む魚もいれば、暖かい所を好む魚もいます。人間もそれぞれ性質が違えば、生きる場所も異なります。人間だから、結婚すれば夫の両親と仲よく同居できると思い込むのはまちがい。動物の生態がそれぞれ違うのに、人間だけが特別とはいかないのです。

ですから、息子家族はもう自分のもとへ帰ってこないものと思うことです。土曜日だけでも孫の相手ができるなら、週に一度のレクリエーションだと思って、楽しめばよろしいじゃありませんか。ただし、孫にあんまりベタベタして、過干渉にならないこと。ベタベタすると重たくなって、孫にも嫌がられるようになりますから

ご注意を。

ここからは、読者のみなさんにもアドバイスさせていただきます。お嫁さんでもお婿さんでも、外の人間がうちの中に入ってきたら、シェアハウスで生活するつもりで、踏み込んではいけないところは踏み込まないようにしなければいけません。ときになにか頼まれたことがあって、それが可能なことであれば、親として力を貸してやる。それ以外は、とにかくおたがいのテリトリー（領分）を侵さないこと。そうしないかぎり、近代の生活様式のなかで平穏に暮らすのは、難しいでしょう。

第4章

自分自身のために
人生を歩みましょう

悩み相談

結婚前の彼女の言葉とぜんぜん違い、やるせないです

茨城県　S郎（三十三歳）

結婚して八か月です。わたしは地元ではだれもが知っている企業に就職し、外見も悪くはないので、二十代のときも、女性に言い寄られることがしばしばありました。趣味のテニスサークルで出会った今の妻（三十歳）と結婚を決めたのは、彼女が「夫を立てる妻になりたい」「家事はていねいにしないと気がすまない」と話していたからです。そんな人と結婚したいと考えていたのです。

しかし、結婚後の彼女の態度は、言葉とは反対なことばかり。今は専業主婦ですが、わたしが仕事から帰ると、夕食に平気でレトルトの牛丼などが出てきます。こ

のあいだ、わたしが出勤前に玄関の傘立てを倒してしまったことがありました。会社に遅れそうな時間だったため、「ごめん、よろしく」と言い残し、申し訳なく思いながらもそのまま出かけたのです。その夜、家に帰ると、玄関先に倒れたままの傘立てと傘が転がっていました。妻は「あなたが倒したんだから、あなたが直しなさいよ」と言わんばかりの態度で、テレビを観ていました。残業の疲れもあり、このときは泣きたい気持ちになりました。

また、つまらないことで腹を立て、わたしが謝るまでぜったいに口を利きません。初めの話と違うじゃないかと、とがめると「結婚前にほんとうのことを言う人なんていないわけないじゃない」と、ばかにしたように言うのです。今のわたしのやるせなさ、将来への絶望感は、わたしの高望みのせいなのでしょうか。

男がメソメソしてどうするの

ばかな人ですね。オレオレ詐欺に遭ったようなものじゃありませんか。今後のためにお教えしますが、もうけ話の勧誘だけに詐欺師が存在するわけではありません。世の中のありとあらゆる契約に、詐欺師は存在するのです。ですから、結婚に詐欺は存在しないと思い込んではいけません。海外には、慰謝料で財産を殖《ふ》やそうとたくらんで結婚する女性が少なくないと聞いています。ああ恐ろしい。「釣った魚には餌はやらない」という言葉どおりで、あなたはまさに哀れな魚なのです。

少し厳しいことを言わせていただきますが、あなたは自分がなまじイケメンだから、こういう自分には美人のいい女こそがふさわしいと、うぬぼれていたのではありませんか？

この詐欺事件は、自分の容姿にふさわしい女を結婚相手にするという、あなた自身のうぬぼれから起こったものなのです。「きれいな花にはとげがある。きれいな人にはわながある」と、昔から言われています。高ければ当然よい品物だろうと思ったら大まちがい。高くても品質の悪い品物はたくさんあるということを肝に銘じておくべきです。

悪人とは、骨の髄まで悪いもの

さて、これからのことですが、メロドラマのヒロインじゃあるまいし、メソメソしたり、ウジウジしたりしていても、なんの解決にもなりません。男がヒロインのまねをしてどうするの？「倍返し」とか言って、いまや、やられたらやり返す時代でしょう（笑）。この結婚詐欺師の行為は、これからもっともっとエスカレートしていくでしょう。そうすると、あなたの不満もさらに高まるでしょうから、ストレスを感じて精神的にも苦痛を味わうことになります。

離婚するならするで、準備のために証拠をたくさんそろえておかなければいけません。隠しカメラを設置するのは難しいでしょうから、会話をすべて録音しておくといいでしょう。倒れたままの傘立てやレトルトの牛丼など、理不尽だと思ったことはすべて写真を撮っておきましょう。給料も自分で管理して、できれば、通帳やはんこも自分だけしか知らない場所に保管しておくべきです。

うまく離婚するには、いい弁護士も探さなければいけません。いろいろ調べて、二、三人は当たってみましょう。冒頭にも伝えたように、どんな世界にも悪い人は半分くらいはいるものです。まあまあこの人なら信用できるかな、と思う弁護士が見つかったところで、きちんと相談すればいいのです。

それから、まちがっても子どもをつくってはいけません。子どもをつくったら最後。地獄の穴にすっぽりはまって、一生はいあがれないでしょう。子どもができたら変わってくれるかもしれないとか、そんな甘いことを考えてはいけません。よくなるどころか、もっとエスカレートするでしょう。

悪い人というのは、男も女も骨の髄まで悪いものです。お説教して、二、三時間はおとなしくなりますが、ニワトリと同じですぐに忘れてしまいます。子どもをつくろうが、あなたがなにを言おうが、どうすることもできません。ですから、自分の人生を立て直すための準備を、今からすぐに始めましょう。

悩み相談

夫が不倫相手の女性と幸せになるのが許せません

兵庫県　セイコ（四十八歳）

昨年、しゅうとやこじゅうと（夫の姉妹）からのいじめと、夫からのDV（家庭内暴力）に耐えられなくなり、婚家を出ました。

夫と結婚してから二十五年、子どもたちが成長するまではと、過酷な生活に耐えてきましたが、ようやく夫のもとを離れることができ、傷ついた心と体のリハビリをしています。

今は、実家に身を寄せ、母と二人で暮らしています。父は十四年前に他界しました。子どもたちは就職し、それぞれ独立して生活しています。

家を出てから、夫から何度か「離婚について話し合いたい」というメールがありましたが、それには返事をしていません。というのも、夫は以前から同僚の女性と不倫をしており、わたしと離婚をして、その女性と再婚したいと思っているからです。

いままで我慢に我慢を重ねてきたのに、夫だけが不倫相手と幸せになることは、心情的にどうしても許せません。そのことを子どもたちに相談しても、それは父と母の問題だから干渉しないと言われてしまいました。これから、わたしはどうすればよいのでしょうか。教えてください。よろしくお願いします。

わたしはどれだけ努力しても、我慢して耐えてきても、家の光にはなれなかったなぁと思いながら『家の光』を読んでいます。

用済みの古亭主に価値はありません

なにをおっしゃいますか、家の光になれたじゃありませんか。それだけの難行苦行や、いじめやＤＶに耐えながら、きちんと子どもを育てあげたのはみごとなものです。あなたは、自分は被害者で、かわいそうな女と、すべてがマイナスの思考回路になってしまっているのです。

でも、マイナスばかりではありません。離婚せずに立派に耐えてきたのですから、「やった！　わたしはできた！」という達成感を味わえばいいのですよ。誇りを持ちましょう。それから、あなたは勘違いをしています。このまま離婚しなければ、夫が相手の女といっしょになれないことで復讐できると思っているようですが、それは被害者としての発想からくるものです。

こう考えてはいかがでしょうか。子どもたちを育てるためにかかった費用は、すべて夫が稼いできていたわけでしょう？　ですから、あなたは子育てという目的を果たすために、夫のお金を利用したと思えばいいのです。「子どもたちを育てあげて独立させたから、もうおまえなんかに用はない。出すもん出させたら、もう用済みだ！」と。夫を財政的に利用したのだと考えるのです。つまり、あなたは被害者ではなく、じつは加害者だったのかもしれません。そう考えれば、あなたはうまくやったのです。あっぱれ、あっぱれ！

もう、そんな用済みの古亭主に、利用価値なんかありません。用済みのものをいつまでも置いておけば、ごみ屋敷になりますよ。さっさと離婚して、夫のことも、つらい目に遭ってきたことも思い出さないように努めましょう。

それに、夫と相手の女が結婚しても、かならずしもうまくいくとはかぎりません。

これまでは、たまに会う不倫の恋愛関係としておたがいを見ていたから、うまくいっていただけかもしれません。天下晴れて四六時中ベッタリいっしょにいるようになると、おたがいの嫌な部分がいろいろ見えてくるものです。不倫していた女といっしょになると、相手の正体がわかって、嫌気がさして、別れた妻に復縁を迫るという話はよくあるようです。

これからの人生は自分自身のために

今は夫にたいして憎しみでいっぱいでしょうけれど、考えるだけでストレスになりますから、全部水に流してさっぱりしましょう。夫のものとか、匂いのするものとか、名前の文字さえ一つも残さず処分して、これからは自分自身のための人生を歩みましょう。

これまで、子どものためにと犠牲的な精神で生きてきたのでしょう？　子どもたちはもう独立したのですから、あなたは看板を塗り替えて売り出しましょう。独りがどれだけ自由で楽しくてすばらしいものか、それは独りになって初めてわかります。いつまでも、そんな貧乏神を背負い込んでいるからいけないのですよ。

新しい家で、小物からなにから全部自分流にそろえていって、成人式を迎えた女の子みたいな気分で、これからは過ごしましょう。楽しいわよ。とにかく、よけいなことは考えないこと。まだ四十八歳でしょう?

わたしからみれば、まだまだお尻の青い子どもですよ(笑)。

悩み相談

アダルトチルドレンで、人と接するのが怖いです

兵庫県　菜月（二十八歳）

わたしはいわゆる、アダルトチルドレンです。厳しい父の下に育ち、父の機嫌を損ねると何週間も無視されました。母は父の顔色をうかがいながら暮らし、わたしも父の顔色を気にして育ちました。現在は父は丸くなり、無視することはなくなりましたが、わたしは人の目を気にすることが習慣になってしまいました。

つねに恐怖感に襲われています。自分の判断や行動に自信が持てず、名前を呼ばれただけでも「なにか悪いことをしたかな」と、内心パニックになります。とくに怒られることが怖くてしかたありません。親しい友人にも過剰に適応しようとする

あまり、いっしょに遊んだあとは疲れ果ててぐったりしています。

また、「〜しなければならない」と思い込み、自分で自分の首を絞めていることがつらいです。中学生のとき、敬語を話さなければいじめられると思い込み、敬語で話をしていました。大学時代は「人とうまくつきあうには倫理を勉強しなければならない」と、二週間ほどほぼ飲まず食わずで勉強して、体を壊したことがありました。

現在、心療内科に通い、薬をもらっていますが、できれば薬に頼りたくありません。今は、塾講師のアルバイトをしており、来年度からは理学療法士の資格を取るため、専門学校に行きたいとも考えています。今は親の庇護の下で生活しておりますが、自分一人でも強く生きられるようにするには、どうしたらよいでしょうか。

愛のメッセージ

エネルギーの方向がまちがっています

あなたは、少々のことでは壊れない分厚い鉄板のようなエネルギーの持ち主ですね。その強大なエネルギーをすべてマイナスの方向に向けているのはもったいないことです。マイナスの方向にかけるこれだけ強大なエネルギーがあるのですから、ぐるっと一八〇度方向転換すればいいのです。簡単なことです。

自分は足りないところばかりだと思い込んでいるようですが、腕力も年齢も人生経験もはるかに及ばない相手からどなられたり、にらまれたりすれば、すくむのは当然のこと。オオカミの前の子ヒツジみたいになるのは、当たり前です。これは、出来損ないの男親を持った悲劇。でも、そんなことに負けちゃダメ。

ちょっとシミュレーションしてごらんなさい。お姫様とか善良な市民が、悪代官や悪の手先に追いかけられたり、身の危険を感じたら、逃げるのは当然でしょう。昔から「三十六計逃げるに如かず」という言葉があります。三十六の戦略のうち、逃げるのが最上であるという意味です。カミナリ親父からも逃げるが勝ちなのです。

「天はみずから助くる者を助く」といわれるように、他人に頼らず、自力で努力する者には、天が助けをくれるはずです。いくら心療内科の先生のところに通ったところで、治すのは先生ではありません。あなた自身なのです。あなた自身が自己分析をして、自分で自分を治してあげましょう。

では、どうやって治すのか。まず、自分ばかりを責めるのではなく、お父さんはどういう人間なのかということを、まわりに聞いたり、自分で調べたりしてみましょう。そうすると、お父さんもまた犠牲者である場合があって、お父さんが威圧的なのはその親が悪い、ということがわかるかもしれません。

冷静に自分を見つめ直しましょう

いい人でまじめな人ほど、自分を責めるのです。反対に、悪い人やいいかげんな人というのは、すべてまわりのせいにします。あなたは責任感が強くてまじめすぎるのです。落ち込む筋合いはありません。わたしはなんて責任感の強いまじめで正直な人間なんだろうと、胸を張っていればいいのです。

それから、自分の短所だと思っていることを冷静に考えてみましょう。敬語を話せるのはとてもすばらしいことです。これはけがの功名。今どき敬語をまともに使える人はなかなかいません。その長所が自分の首を絞めていると思うのは大まちがい。長所なのに短所だと思い込んでいただけです。

さらには、人とうまくつきあおうと思って、体を壊してまで倫理を勉強したのでしょう？　つまり、あなたは方向転換が必要だと自分で悟って、マイナスをプラスに変えたのです。こういう実績があるのですから、今回もそうすればいいのです。

家にはもうこだわらないこと。つらくて家にはいられないという段階はもう過ぎてしまったのですから、家賃がかからないシェアハウスに住んでいると思えばいいのです。

これまであなたはエネルギーの方向音痴だったのです。これからは、プラスの方向に進んでいくだけです。

悩み相談

義父母とうまくいかず、生きることに疲れました

長野県　秋桜
（五十六歳）

結婚してからずっと、夫（六十歳）と、夫の両親（義父八十七歳、義母八十八歳）と同居しています。自営業で、夫と数人の従業員と仕事をしています。

わたしは結婚当初から、義父母とはしっくりいかず、三十三歳からずっと精神科に通院しています。自律神経失調症とか、うつ病とか診断されます。

子どもは息子が三人いますが、おかげさまで、みなたいせつな人と出会い、それぞれが所帯を持っています。

今日まで、子どもを片親にしたくない、わたしだけ我慢すればと思って生きてき

ました。しかし、子どもが家から離れたいま、わたしはこの家の嫁という役割しかなく、労働力でしかありません。

仕事が終わっても、仕事場から家に帰ることに勇気が必要で、気が重くなります。帰宅すると、休むことなく食事の支度などに追われ、家の空気も重苦しいものです。先日も過労で寝込みましたが、義父母は知らん顔。夫も鈍感な人で、わたしが愚痴を言おうものなら、倍になって返ってきます。

孤立感にさいなまれ、なぜこの先も生きていかなければならないのかと考えてしまいます。わたしが命を絶てば、子どもや孫はどうなる、と思いとどまったり、「自分のために生きろ」とアドバイスを受けたりもしますが、わたしは生きていることに疲れてしまいました。美輪さん、未熟者のわたしにアドバイスを与えてください。

家族のあり方を考え直すときです

これまで、子どもたちを育てあげるまで歯をくいしばって我慢してきたのは立派なことです。子どもたちも幸せになったわけですから、こんどは自分にご褒美をあげる番ですね。

家にいるのがどうしてもつらいのなら、一人で生活することも選択肢の一つだと思います。子どもたちの中でいちばん親孝行な子の近所に部屋を借りて住めば、少しは世話をやいてくれるかもしれませんが、家賃、光熱費、食費などを自分で稼いでいけるかどうか。できないとなれば、すぐに家を出るのは難しいでしょう。

これまでどおりの生活をしていかざるをえないと判断するのであれば、物事の考え方を少し変えてみてはいかがでしょうか。

たとえば、寝込んでも、義父、義母は知らん顔とありますが、七十歳以下の人が知らん顔しているなら意地悪だと思いますが、八十七歳、八十八歳となると、足腰を動かすのはたいへん、手伝いたくても簡単に手伝えません。そんなおじいちゃんおばあちゃんからみれば、あなたはいちばん若手のお嬢さんなのです。

ですから、意地が悪くてそうしているというよりも、年をとっているからできないのだと思います。あなたも七十歳を過ぎれば、あっちが痛いこっちが痛い、となるでしょう。筋肉も衰えますから、立ち上がったり、物を取るにしても、よっこらしょどっこいしょとひと苦労です。その年齢になって初めてわかることでしょう。元気なわたしでさえ、体力がなくなるというのはたいへんなものだとつくづく思います。

DNA鑑定に意味などありません

それから、家族の考え方についてもお話しします。これは、あなただけでなく、だれにでも言えることですが、親子でも、兄弟でも、赤の他人でも、二人以上の人間が一つ屋根の下に暮らすことは、努力と忍耐と諦め以外のなにものでもありません。血がつながっていても、憎しみ合って殺してしまう親子もいますから、血のつながりはいっさい関係ありません。

先日も、自分の子どもかどうか、DNA鑑定をする芸能人がいて、マスコミが騒いだでしょう。DNA鑑定になんの意味があるのでしょうか。いっしょに暮らして世の荒波をくぐったり溺れたり、またそこからはいあがったり、手に手を取って喜んだり、泣いたりわめいたり、苦しんだり……、そうしたさまざまな歴史や思い出をいっしょに分かち合えるのが家族というものです。血縁者でなければ家族ではないというのなら、子どもだけが家族で、夫婦は家族ではないということになります。血縁者は、ＤＮＡがたまたま同質だったということにすぎなくて、家族の条件でもなんでもありません。

息子は自分の血を分けているから家族、夫や義父・義母は血がつながっていないから他人。あなたには頭のどこかでそういう意識が働いているように思います。なにはともあれ、これまで共に暮らしてきた家族じゃありませんか。あなたが嫁いできてからの歴史を、少しずつひもといてみれば、そこに薄明かりが見えてくるのではないでしょうか。

悩み相談

金遣いの荒い両親とどう接したらよいでしょうか

宮城県　H男（五十一歳）

わたしは公務員で、妻、高三の長女、高一の長男とわたしの両親の三世代家族です。両親は昔から米を作って暮らしており、農家同士の見合い結婚でした。

悩みは両親のことです。母は昔からお金の計算もせず、あれば見栄を張って他人へ贈り物を買ってやる人でした。父は酒を飲むしか楽しみがない人で、近所の人たちと酒を飲み歩き、母に言われるままに農協から金を借りていました。わたしが二十五歳のとき、借金を返しきれないと告げられ、わたしが借金して返済したこともあります。当時はわたしと弟の二人が給料の三分の二は家に入れていたのに、そんなありさまでした。田んぼも売りました。

そして、いまだに金遣いは荒く、自分たちの兄弟、友達が亡くなったときでさえ、お金を用意してくれと言ってきます。家のローンもありますし、子どもにもお金がかかるのに、両親はこちらの事情はおかまいなしです。

おまけに最近は父親が酒を飲んでは昔の愚痴や家族の悪口を言うので、あまりに腹立たしく、先日は大げんかをしました。その次の日の朝、「おらだちは古い家で暮らすがら」と言ってきたので、「好きにしろ」と思いながら職場へ行きました。帰宅したら、何事もなかったように家にいて、あぜんとしました。長男として家を存続させたいとの思いで我慢していますが、最近は早くあの世に旅立ってくれないだろうかと思ったりもします。今後、両親にどのように接していけばよいのでしょうか。

これからは心を鬼にしましょう

わたしにも経験があるのですが、親切があだになったということでしょう。親を助けるつもりでお金を貸していたのが、結果的に毒を与えてしまったのです。ふつうの親は、自分たちの貯金を崩してでも、孫や子どもにあげるものです。オレオレ詐欺がいまだになくならないのは、親が子どものためを思うからこそでしょう。あなたの場合は、オレオレ詐欺の反対です。子どもが親を思って身ぐるみ剥がされてしまうのは、とても悲しいことですね。

お父さんが、なぜ出て行かないのかといえば、食事の用意を自分たちではできないからでしょう。教会や救済所にご飯を食べに行くつもりで居座っているのです。あなたと険悪な状態になり、けんかまでしているのにもかかわらず、それでも出て行かないのは、自分たちだけで暮らすよりはましだと思っているからです。親子なんだから、無理やり追い出すなんて、そんなひどいことをするはずはないと、頭からなめてかかっているのでしょう。

これからは心を鬼にして、父親にも母親にも一銭も出してはいけません。弟さんにもそのように言っておきましょう。お金を貸してくれと言われたら、「逆にこっちが借りたいくらいだ。子どもの教育費がかさんできたし、不景気で給料も減っている。ローンもまだまだ残っているから、このままではやっていけない」と言うのも一つの方法です。さらに、「元の自分たちの家で暮らしてくれなければ困る」と、諭すように言い続けましょう。親は馬耳東風で聞こうとはしないでしょうけれど、言い続けていれば、いずれそうなるかもしれません。

また、通帳や印鑑は、肌身離さず持ち歩くこと。お金を貸してくれないとなると、家捜しをしかねません。とにかく、ご飯も食べさせない、洗濯もしない、お小遣いもあげない、金銭面でも物質面でもなにも与えないことです。

こういうタイプは死んでも治りません

ただし、こういう訳のわからない親ですから、無理に追い出したりすれば放火だってしかねません。なにかあったときのために、あなたがたの状況が承認されるような形跡はつくっておいたほうがいいでしょう。公共機関には、法律などの相談窓口があるはずです。そこへ、一度ご夫婦そろって相談にお出かけください。結論は出ないと思いますが、相談した内容は、きちんと記録されるはずですから、保険として相談したという事実をつくることをお勧めします。

親殺し、子殺しの事件がよくあるでしょう。事情をよくよく聞いてみると、やはり同情すべき点が見えてくるものです。その親がどういう親だったのか、その子どもがどういう子どもだったのか、真実が明るみに出ると、共感できるようなことがたくさんあります。あなたの場合もそうです。親が子どもに迷惑をかけてしまうタイプは、死ぬまで治らないでしょう。あなたの年齢から察するに、両親の迷惑行為は、あと十年は続くかもしれません。その間は自分たちの命や生活を守ることを第一に考えましょう。

悩み相談

性転換すべきか悩んでいます。後悔したくありません

東京都　Y男（三十歳）

自分の性について相談させていただきます。

わたしは昔から女性的な面があり、高校時代には女性として生きていこうと考えたこともありましたが、行動に移すことなく、この年までずるずるとあいまいにして生きてきました。

しかし三十路となり、性転換をして女性として思うように生き、社会生活を歩んでいたならば、好きな人と結ばれ、運命が開かれていたかもしれないという思いにとらわれることが多々あります。いま、自由に自分を表現できないでいることや、

男性を演じている自分にとても苦しさや生きにくさを感じています。

けれども、性転換手術（性別適合手術）後に服用する薬やホルモン剤の副作用の影響で自殺する人も多いと聞いたことが引っかかり、行動に移せずにいます。なまはんかな気持ちで手を出すべきではないとも思っています。

この年になっても生き方を選択できないでいることは恥ずべきことだと感じています。そして、これまで自分の性や生き方に光を当てることなく生きてきたわたしは怠惰な人間だと強く感じます。

美輪さんのようなたくましい生き方に憧れを抱きます。後悔をしない決断をするには、どうしたらよいのでしょうか。どうぞよろしくお願いいたします。

経験者に話を聞いてみることです

おっしゃるように、性転換手術をするのにはたいへんな覚悟がいります。あなたも風の便りに聞いているようですが、術後のホルモン治療の副作用は壮絶です。わたしも実際に手術をした人から話を聞いています。

そういう子たちを雇っているニューハーフのお店のオーナーも、性転換手術をした従業員のほとんどが副作用に悩まされて、イライラして、凶暴になって、けんかっ早くなって理屈が通らないからたいへんだと言っていました。そのことで仕事に影響が出てしまい、経営が危うくなることもあるそうです。

女性でも生理中にイライラして攻撃的になることがあるでしょう。ホルモンバランスが崩れると、自分を抑えられなくなるのです。外見は女性としてきれいに着飾れるようになっても、心をコントロールすることは、けっして容易ではありません。でも、「一生後悔したくない」と思うのなら、ぐじぐじ悩んでいるよりも行動に移すべきでしょう。まずは、ニューハーフの店やゲイバーなどに行って性転換手術をした人たちに会って、話を聞いてみることです。そして、一人二人ではなく、より多くの人たちに会って、手術までのいきさつや、術後のケアをどうしているのか、どんな副作用があって、それにたいしてどう立ち向かったのか、手術をしたメリット、デメリットをリサーチするのです。

また、性転換手術をしないことを選んだ人たちもたくさんいますから、そういう人たちにも会ってみて、その中から最大公約数を取り入れて決断してはいかがでしょうか。

同性愛者を取り巻く環境は変わってきています

わたし個人の意見としては、性転換手術は考え直したほうがいいと思います。副作用や後遺症に悩まされるよりは、今のままでも幸せに生きられればそれでよろしいじゃありませんか。

昔に比べて、同性愛者を取り巻く環境はだいぶ変わってきました。テレビをつければ、いまやかならずゲイやニューハーフの人たちが出ていますでしょう。二〇一五年六月、アメリカではすべての州で同性婚が認められることとなりました。日本でも、東京・渋谷区で同性婚に相当する関係を認める証明書を発行することが区議会で決まりました。今後、徐々に同性婚を認める自治体が増えていけば、あなたにとってこの日本は今よりもさらに生きやすくなるでしょう。

それから、あなたは女性として生きていれば、運命が開かれると思っているようですが、性転換手術をして身も心も女性になっても、もてない人なんて、いっぱいいます。外見が女性になったからといって、心がすさんでいて、知性や教養がなければ、だれも魅力を感じません。それは異性愛者でも、同性愛者でも、いずれも同じことです。それに、男性のままで女装しているという人に魅力を感じる人もいるのです。今のままのあなたを受け入れてくれて、幸せに暮らしていける相手だってどこかにいるかもしれません。

より多くの人たちの意見を聞いて、後悔しない幸せな生き方を選択しましょう。

悩み相談

自分の葬儀は質素にしたいのですが、少し不安です

広島県　匿名希望（八十七歳）

八十七歳となり、畑に出たりしながら毎日をなんとか生きていますが、いつおさらばのときが来てもおかしくありません。そのときのわたしの葬儀のことで美輪先生のご意見をいただきたい、とペンを執りました。

山深いこの里では、本家、分家など親戚も多く、昔は自宅で葬儀をしていましたからたいへんでした。今は近くに葬儀場もでき、煩雑さは少なくなりましたが、葬儀費用は結構な金額になります。

数年前に夫が亡くなったときは、百万円を用意しましたが、足りませんでした。

息子夫婦の働きでなんとかやりくりしました。ちなみにわたしの国民年金は一か月五万円ほどです。

先日、夫のいちばん下の妹が急死しました。葬儀は夫のすぐ下の弟が総指揮をしました。わが家は親戚筋の本家ですし、夫は長男でしたから、その出費もたいへんでした。妹の葬儀場はにぎにぎしく整えられて、目をみはるほどでした。わが家の供花は、かご盛りの果物と共に正面に飾られていました。それぞれ五万円かかりました。そして香典の包みは十万円。葬儀後の四十九日の法事にまた五万円を包みました。この後、一周忌、三回忌、七回忌、十三回忌と続いていくのでしょう。

どんなににぎにぎしく送られてもどうせ白骨となる身ですから、わたしの葬儀は質素にと思い、そのように遺言状を書きました。しかし、これまでの風習にならわずにそのように書いてよかったのか悩んでいます。美輪先生はどう思われますか。どうぞよろしくお願いいたします。

それで正解です

八十七歳？　わたくしよりも長く生きていらっしゃるのですから、えんま様か阿弥陀如来様にお伺いをたてたほうがよろしいいんじゃございませんか？（笑）

お手紙に書かれているのは、まるで横溝正史の小説『八つ墓村』の世界。現代社会とはかけ離れた、古い因習に縛られた世界のお話のようですね。昔は、東京の情報が日本全国へ伝わるのに、二、三年かかっていました。ところが、今はどこにいてもパソコンやスマートフォン一つで世界の情報が一瞬にして手に入ります。たとえば、オバマ大統領が演説中に涙を流せば、すぐに世界じゅうの人たちに知れわたるのです。

このように、都会と地方の距離や時間、空間の差がほとんどない今の時代においては、ある程度は近代化した都会のやり方に従ってもよろしいのではないでしょうか。なにもかも従来のままのやり方でという感覚でいると、いずれ時代後《おく》れになってしまうかもしれません。ですので、葬式を質素にしたいという遺言をお書きになったのは、わたくしは正解だと思います。

「終活」という言葉があるように、今は生きているあいだに自分で自分の葬儀のスタイルを決める人は、少なくありません。花輪をズラッと並べて、リムジンのような高級霊柩車を用意して、何百万円もかける豪華なやり方もありますが、身内だけで質素におこなう葬式など、さまざまなやり方があるのです。あなたのお住まいの地域のように、親戚や隣近所と協力して結婚式や葬式を執り行うことをたいせつに守っている所もありますが、時代に合ったやり方について考えるよい機会なのではないでしょうか。

いまやビルにお墓が入り、ボタンを押すと骨つぼが運ばれてきてお参りしたりもできる時代です。遠方へのお墓参りができなくなって近場の霊園へお墓を引っ越す人や、散骨や樹木葬などお墓を建てない選択をする人もいて、お墓にたいする考え方もずいぶん変わってきています。

香典も常識の範囲内の金額に

香典の金額も、見栄の張り合いのような感覚なのではありませんか？　よく芸能人がテレビで「あの人だったら三十万円は包まなきゃ」とか言っているのも虚栄心の表れそのものです。香典は、死んだ人ではなく、生きている人が使うお金になるのですから、見栄を張らずに常識の範囲内の金額にしましょう。

葬式に参列する人の中には義理やメンツでしかたなく出席する人もいると思います。ほんとうに涙し、心から惜しんでくれる人たちだけが来てくれればいいのです。

昔ながらの見栄や虚栄のための葬式は、もうそろそろおしまいにしましょう。

結論として、あなたはなにも悩む必要はありません。潔い決断です。あなたが亡くなったときには、まわりの人たちはあなたの遺言どおりの葬式を執り行うことで、その地域の葬式のスタイルが変わっていくかもしれません。

あなたは今の時代に合った感覚をお持ちなのですから、自分を信じて残りの人生を心穏やかにお過ごしくださいませ。

悩み相談

退職後、親しい友人もおらず、寂しく思っています

高知県　匿名希望（六十六歳）

わたしは銀行員として三十年以上にわたり、人と接する仕事をこなしてきました。在勤中はとくに問題もなく、昨年、無事に退職しました。夫もまじめに働き、二人の子どもも職に就くことができ、いまのところ大きな心配事はありません。

しかし退職後、ふとまわりを見ると、だれ一人仲のよい友達がいないことに気づき、寂しい気持ちになっています。これまでのわたしが独りよがりの人間であったためでしょう。

旅行をしたり、ボランティアをしたりしようと思っても、誘い合う友がいないの

です。同年代の人たちが、仲間と誘い合って、旅行、コンサート、イベントや集会などに行っているのを見たり聞いたりすると、とても楽しそうでうらやましくなります。

退職してからは、外出もせず、趣味もなく、家の中で笑いのない生活を黙々と送っています。なにか趣味を探そうとしても、見つかりません。

もともとあまり外に出ることが好きではなく、神経質なのですが、仕事面では人に頼りにされて、がんばってきました。ですが、仕事以外の場面では、人と話をするのが苦手で、自分の言ったことに自信が持てず、後から反省することもあります。

これからの時間をどのように生きていけば、友達ができ、人生をもう少し楽しく有意義に過ごすことができるのでしょうか？　美輪さん、どうかご意見をお願いいたします。

人づきあいは〝腹六分〟に

三十年以上ものあいだ、銀行に勤めてこられたのは、ご立派なことです。仕事をバリバリこなして同僚や後輩に頼られ、一方でご主人を支え、子育てもして、いろいろとご苦労があったことと思います。二人のお子さんも無事に育ったのですから、勲章ものです。それが、退職したとたんになにもなくなってしまったというあなたの今の状況は、暇を持て余している、ただそれだけのことです。

あなたはこれまで、趣味や娯楽など、文化とは無縁のところで生きてきたのでしょう。なにも、文化的に生きなければいけないという義務はありませんが、もし、あなたの人生の中に文化のレパートリーがあれば、このような悩みを持つことはなかったでしょう。

加えてあなたは、おおいなる誤解をしています。人とのつきあいは、楽しいことばかりではありません。だれでも、うまくいっているときはいいけれど、親しくなればなるほど、こじれたり、嫌になったりしたときには、徹底的に憎み合うようになるものです。その点、あなたは、友達がいないということですから、破綻のない人生でよかったではありませんか。

あなたは、友達がいれば楽しいことばかりのはず、と単純に想像して、トラブルになったときのことをなにもシミュレーションしていないのです。けんかしたり、泣いたり、悔しい思いをしたりする状況など、もっと具体的に想像してみましょう。そうすると、「あぁ、めんどうくさい」と、嫌になるはずです。めんどうくさいことが起こるのが、人づきあいの条件なのです。

そうしてマイナス面をあらかじめ予想していれば、「君子危うきに近寄らず」で、人づきあいは、ほどほどの〝腹六分〟にしたほうが身のためだということが、おわかりになるでしょう。

自分に合う趣味を探求しては

身の上相談は、あなたのようにトラブルがなにもなくて寂しいという人は少なくて、トラブルがありすぎて、途方に暮れて相談してくる人のほうが多いのです。なにもなくて退屈なのかもしれませんが、必要なときはにぎにぎしく、一人でいたいときは静かにいられるなどと、そうそう都合のいいようにこの人生はできていません。なにかを得ればなにかを失うものです。だれともトラブルがなくて、平和でいられることは、じゅうぶんに幸せなことなのです。

これからの過ごし方としては、友達をつくることよりも、質のよい文化や娯楽を探求なさってはいかがでしょうか。最近は、俳句や川柳などがブームになっているようですし。あるいは、あなたはこれまで数字の世界で生きてきたわけですから、理数系の探究のほうが向いているかもしれません。文学的なことや娯楽が合わない人もいます。合わない靴を履いても痛いだけですから、合う靴を探せばいいのです。

たとえば、理工学系の大学の通信講座を受講して、なにかテーマを決めて研究すれば、ひょっとしたらノーベル賞も夢ではないかもしれません。家でくすぶっていないで、片っぱしから自分に合う靴を探しに出かけましょう。

悩み相談

好きな彼と結婚したいけれど、家族が反対しています

匿名希望（三十六歳）

つきあって十年になる一つ年上の彼がいます。彼は中学卒で、十代の頃は暴走族だったようですが、わたしと出会ったときには落ち着いていました。今は非正規雇用で建設関係の仕事をしており、収入や社会保険が不安定な生活を送っています。わたしは正規雇用の会社員で待遇にも恵まれ、実家で暮らしています。また、彼は心臓病を抱えており、幼少期から毎日服薬しています。五年前に心筋梗塞になりましたが、さいわい後遺症はなく、元気に生活しています。

彼を支えたいという思いと、結婚したい時期でもあるため、父と母にそのことを

話しました。しかし大反対され、「なぜ自分よりも下を見るのか。彼を選ぶなら縁を切る」と言われました。彼はわたしのことを理解し、肯定してくれ、何事にも動じずに構えていて陽気で、ほんとうに助けられています。彼と離れることも考えましたが、結局、両親と彼のどちらかを選ぶことはできず、ないしょで彼と会い続けています。

彼とつきあって間もないときと三年前に妊娠したのですが、一回めは家族に打ち明けられずに堕胎、二回めは兄に相談したのですが、大反対されてまた堕胎しました。兄は授かり婚で、兄の子どもはもう高校生になりますが、父と母にいまだに許してもらえないと言っています。

父と母のことは大好きですが、そろそろわたしも両親の下を離れて自分の生活をしていくことが必要だと感じますし、自分の家族が欲しいです。ですが、自分に自信が持てず、現状を変えることができません。この先、わたしはどうすればよいのでしょうか。

自分が幸せになる道を

そもそも三十六歳にもなって親元を離れていないことがおかしいのです。いい年をした大人にあれこれ指図する両親もまた子離れができていません。はたから見れば、あなたはもう若い娘ではなく、おばさんです。両親もあなたも錯覚を起こしているのです。

子どもが親の父性愛、母性愛を満足させられるのは、せいぜい二十歳まででしょう。二十年たてば、こんどは子どもを自立させ、羽ばたかせてあげるのが、親の務めというものです。

それなのに、いまだにあなたを家に縛り付けて、あれこれ口出しするのは、まちがった愛情です。娘の幸せを願うなら、彼の過去や職業がどうであれ、十年もつきあってくれている彼といっしょになることを認めるべきなのです。

しっかりしているのは、彼だけです。以前は暴走族でも、今はまじめに働いているのでしょう。昔、『ヨイトマケの唄』を発表したばかりの頃、よく工事現場で働いている人たちの所へ行って、いろいろおしゃべりをしたことがありました。

とにかく、いい人が多いのですが、みなさんいい人すぎて世渡りが下手。直情的だから、上司にごまをすったり、お世辞が言えなくて、これでは世の中を渡っていけないと思ったほどです。少しでもずる賢い部分があれば、要領よく立ち回ることができるのですが、そういうことができない人たちが多いのです。

彼にも、そうした不器用な部分があるのかもしれませんが、手紙にも書いてありますように、いつもどっしりと構えていて陽気で、あなたはいつも助けられているのでしょう。そういう相手なら、家を出て、彼といっしょに暮らしたほうが幸せだと思います。

だいじなのは心と心。愛で乗り越えて

もし、彼と別れたとしても、三十代半ばを過ぎたおばさんと、だれが結婚してくれるでしょう？　そのうえ、あなたは二回も堕胎していて、あれこれ指図するやっかいな親が二人もいるわけでしょう。そんな親を背負った人を、だれももらってくれないのではありませんか。

結婚は紙一枚のことですから、籍を入れるか入れないかは、彼と二人で決めればよろしい。だいじなのは、心と心です。これだけ長くつきあってきて、今も彼をいとしいと思っているわけですから、すっかり情は移っていて、おたがいに夫婦のような関係になっていることでしょう。

彼の心臓病のことも心配していますが、こういう人は無意識に心臓をかばいます

から、悪いことや無茶はしないものです。もしも別れたら、心臓病を抱えた彼は、かわいそうに独りぼっちになってしまいます。彼といっしょになれば、あなたの経済的な負担は大きいかもしれませんが、愛さえあれば乗り越えていけるものです。

あなたはこれまで三十六年間、親に尽くしてきて、親孝行もしてきたでしょうから、親にたいする義務はじゅうぶんに果たしたでしょう。こんどは自分にたいする義務を果たす番です。それはなにかといえば、自分が幸せになることです。

特別対談

この時代の荒波を生き抜いていくために

美輪明宏

又吉直樹

又吉直樹（またよし・なおき）

一九八〇年、大阪生まれ。綾部祐二さんとコンビ「ピース」として活動するお笑い芸人。小説家、脚本家としても活躍。著書に『第２図書係補佐』（幻冬舎）、『夜を乗り越える』（小学館）、第一五三回芥川賞を受賞した『火花』（文藝春秋）など。毎年、太宰治の誕生日にイベント「太宰ナイト」を主宰するほどの太宰ファン。

又吉直樹（以下、又吉）　雑誌『家の光』で、人生相談をされているんですね。どんな内容が多いんですか？

美輪明宏（以下、美輪）　自分自身の生き方や家族の問題が多いですね。又吉さん、ご結婚は？

又吉　まだ結婚してないです。

美輪　それはよかったですね（笑）。

又吉　結婚しなければ、そっちの悩みはできないですもんね（笑）。

美輪　人生相談でいつも言っているのは、悩んでも物事は解決しないということなんです。感情的になって、わめいて、泣いて、酔っ払っても、なにも解決しないでしょう。どうすればいいかというと、悩んでいないで考えればいいんです。いかなる場合でも感情を抑えて、解決する方法がどこかにあるんじゃないかと。頭はクールに、冷静でいるべきと人生相談で伝えてきました。

又吉　そうですね。感情的にならずに考えるというのは、いろいろな争いをなくす有効な手段やと思います。だけど、理屈ではわかるんですが、人間だから、やっぱり迷ったり、悩んだりしてしまいますね。

美輪　この世でいちばん難しい修行が、悩まずに冷静に考えることなんです。

又吉　むちゃくちゃ落ち込んでるときってしんどいし、この時間は無意味やなって思うんですよね。自分を助ける意味でも、この感情をいったんどこかにやってしまったほうがいいと、理屈ではわかるんですけど、鬱屈としたものがなかなか払えませんね。

美輪　そういうときは、お経を利用するといいんです。どなって文句を言いそうになったり、だれかとけんかしそうになったら、「南無阿弥陀仏」って叫ぶんです。相手はびっくりしますよ。

又吉　ハハハ、そうですね。たしかにけんかは止まりそうですよね。こんど、念仏を唱えてみます（笑）。

美輪　それに準じて偉人たちの言葉を思い出すといいんです。空海、法然、日蓮、プラトン、ソクラテス、彼らは理想的な身の処し方や心のあり方を探ろうとしていたでしょう。「人久しといえども百年には過ぎず、其の間のことは但一睡《ただいっすい》の夢ぞかし」という日蓮の言葉があります。悩んだときにこの言葉を思い出すと、人生はあっという間に過ぎてしまうから、悩んでる暇はないと気持ちを切り替えることができるんです。人生の先輩たちが残した言葉は、生きるうえで役に立ちますね。

又吉　なるほど、そうですね。

『火花』の登場人物と父親と太宰治《だざいおさむ》

美輪　話は変わりますが、又吉さんがお書きになった『火花』と『夜を乗り越える』を読んで、エディプス・コンプレックスがあるんじゃないかなと思ったんです。職人気質で、あなたにやきもちを焼いたりするあなたのお父様。そのお父様の破滅的なところが、神谷という登場人物とオーバーラップして、併《あわ》せて太宰治ともオーバーラップするんです。

又吉　まさに、おっしゃるとおりです。父親がむちゃくちゃだったんで、ぼくは父親みたいにならんとこうってずっと思ってたんです。酒飲みで、ギャンブルやって、家に帰ってこないから、その真逆でいこうとまじめをめざすんです。でも、二十代半ばくらいからだんだん父親に似ていって、そっちにひきずられていくんですよね。太宰は、男のせこさをロマンとか破天荒という言葉に重ねて罪から逃れようとするんですけど、父親はアホやからそんなことといっさい考えてなくて、欲望のままに生きてるだけ。そこは太宰とぜんぜん違いますね。
美輪 自分の罪を正当化しようとしないし、そのまんまなんですね。
又吉 ぼくは文学が好きやから、父親がアホでむちゃくちゃやってても、その裏では罪の意識を持っていて、母親はそれに苦しんでてほしいと思ってたんです。でも父親も母親も心底楽しそうなんですよね。
美輪 『火花』に登場する神谷に貢いでいる女性が、「いいじゃないの。あの人はああいう人だから」ってけろっとしてるでしょう。この人は、人生のすべてとか、愛する人間のすべてを肯定して受け入れる人なんだなと思ったんです。それは、お母様と重なってるんですか？
又吉 そうかもしれないですね。芥川賞をいただいたあとに、両親とぼくの三人で父親の出身地の沖縄へ行って城跡を観光したんです。ぼくはいちばん高いところまで行ってそこからの景色を見たいんですけど、父親は「しんどい」って下の方で待ってるんです。母親と二人で上まで行ってきて、「じゃ、もう帰ろか」って父親に言ったら、「アホか、資料館を見んかったら、勉強にならへんのや」って言うんです。ぼくのイメージの父親は、景色だけを見て、「資料館で学ぶことなんかないんや」と言ってほしかったんですけどね（笑）。

美輪 フフフ（笑）。

又吉 結局、資料館に入ることになって、入り口までスロープが緩やかに蛇行しているところを、父親はそのスロープを無視して入り口に直進するんです。ぼくはそれが恥ずかしくて、母親に「見て、おとん、またあんなんしてるわ」って言ったら、母親が「あの人はああ見えて賢いとこあるから」って言ったんですよ。

美輪 おもしろいですね（笑）。

又吉 もうぼくの知識とか感覚では届かへんなと。道を無視して直進する父親を賢いと捉えるんや。やっぱすごいなって。親を見てると、ぼくだけだいぶ手前でちょこちょこやってるなという気がします。

ぜったいに自己否定しない

美輪　お母様は、お父様のすべてを肯定なさるんでしょう。

又吉　そうなんです。

美輪　物事をすべて善意に捉える。わたしはそういう人が大好きなんです。漫画の白鳥麗子がそうでしょう。たとえば、好きな男に振られると、ふつうは落ち込んで自分を卑下するものでしょう。ところが、「わたしのことを高嶺の花でとても手が届かないと思って、みずから身を引いたのね」って、ぜったいに自己否定しないんです。

又吉　ぼくの相方（綾部祐二）も、自分のことをすごく肯定するタイプなんです。ぼくが芥川賞を受賞したときに、トークライブで、「芥川賞作家は歴史上に百人以上もいる。たしかに又吉はがんばったかもしれないけど、でも芥川賞の相方は、ぼくが初めてなんですよ。どれだけすごいかわかりますか?」と、お客さんに向かって〝おれのほうがすごい〟って言ったんです。すごい発想やなって（笑）。

美輪　わたし、綾部さんのことも大好きなんです。相方が芥川賞をもらったりしたら、身の処し方に困ってみじめっぽくなったり、負け犬っぽいしぐさがチラホラ出たりするものでしょう。ところが悪びれないで、出すぎず、引っ込みすぎず、ほどがいいんですよね。綾部さんは頭も性質も両方いいんだなって思ってるんです。

又吉　すごく喜ぶと思います（笑）。単純なようでも複雑で、綾部のバランス感覚は、ぼくもすごいなと思ってます。

だれだっていろいろな側面を持っている

美輪　又吉さんは、ご自身のことをどのように分析なさってるの？

又吉　自分のことは、ぜんぜんわかんないんですよね。こういう対談や取材でいろいろと話しますけど、帰り道で、うそをついてしまったんちゃうかな、って思ってしまうんです。今日話したエピソードは事実ではあるけど、その話だけだと、すごく暗くて残酷な人間に思えるから、もっと補足が必要やったなって。

美輪　一色の人間なんているはずがないんですもの。だれだっていろいろな側面を持っているのは当たり前のことです。自然の法則に当てはめて考えればいいんです。宇宙でも太陽系の星はすべて違います。この地球においても、植物も昆虫もイヌやネコも一種類だけではないでしょう。それなのに、どうして人間だけが一種類だと決めつけるのでしょう。人間だって、自然の法則の中では、百花繚乱で共存共栄していくべきなんです。

又吉　たしかにそうですね。

美輪　わたしは昭和二十年代後半に、世界で初めてビジュアル系の歌手として世に出たときに、「男のくせに化粧して」ってよく非難されました。でも、古代ギリシャ・ローマ時代の男はみんな化粧してますし、平安時代の貴族もおしろいを塗って眉を点に描いてたでしょう。江戸時代、徳川綱吉の愛人だった柳沢吉保《よしやす》は、全国から集めた美少年に女ものの着物を着せて、歌舞音曲《かぶおんぎょく》で諸大名をもてなしたと文献に残っているんです。何百年も前から同性愛の人たちがいるのに、現代ではLGBT（同性愛者や性同一性障害者といった性的少数者）の人たちが非難されて、悩んだり、沈んだり、自殺したりする人がたくさんいるでしょう。非難されると、自分が悪い、わたしはどうしてこうなんだろうって、その刃を自分の方へ向けてしまうんです。それに負けないためには、知識を身に付けることです。それが反撃の刃を持つことになるのです。そして、非難するその人がどれほどの人間なのかよく観察すべきです。そもそも、ちゃんとした人間なら〝金持ちけんかせず〟で、超然として、人のことをあれこれ言いません。

美術、音楽、文学……。文化は精神の栄養剤

又吉　美輪さんのように知識や知性があれば、なにか言われても言い返せるし、だれもなにも言えなくなると思うんですよね。自分がなぜこの道を選んで、なぜこのスタイルで生きてるのかっていう、自信につながるものを持つことが必要やってす

ごく思います。ぼくは、よく髪の毛が汚いって言われるんですけど、好きやから伸ばしてるとしか言えないから、この髪型にしている理由をちゃんと言えたほうがいいかもしれないですね（笑）。

美輪 あら、男が髪の毛を短くしたのは、明治以後ですよ。

又吉 あ、そうか。そうですよね。

美輪 昔はお相撲さんのように髪を伸ばしてちょんまげを結ってたでしょう。ビートルズがはやらせたマッシュルームカットは、バロック時代の宮廷音楽家をヒントにしたそうです。ルイ十四世も、背中にたれるぐらいの長さのかつらを着けていたでしょう。イヤリングもネックレスも指輪も着けられるだけ着けて、ハイヒールを履いてバレエを披露していたわけでしょう。

又吉 おしゃれですよね。

美輪 もうやりたいほうだい（笑）。ですから、男が髪を伸ばしていた歴史のほうが長いんです。昭和の軍国主義に入ってから、だんだんおかしくなってきたんです。

又吉　そうですよね。たとえば、男は泣いたらあかんってよく言いますけど、『平家物語』を読むと、登場する男はほとんど泣いてるんですよね。だから、男は泣いたらあかんっていうのは、最近の感覚なのかなって思ってたんですよね。

美輪　ずいぶんいろいろな本を読んでいらっしゃるんですね。

又吉　いえいえ、ぜんぜん。美輪さんのお話を聴いて、いろんなことが納得できましたし、文学だけじゃなくて、もっといろいろと多岐にわたって勉強したくなりました。

美輪　それはそれは。美術、音楽、文学、スポーツ、これらのすべては精神の栄養剤になるんです。それがなくなると、精神が病んでしまうんです。人間は肉体と精神でできているでしょう。肉体を維持するための食料は過剰なくらい摂取していますけど、精神を維持するための栄養剤は、残念ながら粗悪なものが多いから、生活の中に良質な文化を取り入れることがたいせつですね。

又吉　そうですね。すごく刺激になりました。ありがとうございました。

美輪明宏（みわ・あきひろ）

1935年、長崎市生まれ。国立音大付属高校中退。16歳でプロ歌手としてデビュー。1957年「メケメケ」、1966年「ヨイトマケの唄」が大ヒットとなる。1967年、演劇実験室「天井桟敷」旗揚げ公演に参加、『青森縣のせむし男』に主演。以後、演劇・リサイタル・テレビ・ラジオ・講演活動などで幅広く活動中。1997年『双頭の鷲』のエリザベート役に対し、読売演劇大賞優秀賞を受賞。

＊

美輪明宏 公式携帯サイト『麗人だより』
http://www.reijindayori.jp/

本書は、月刊誌『家の光』（家の光協会刊）に連載された、
「美輪明宏の人生相談」（2013年12月号～2016年11月号）を再編し、
又吉直樹氏との対談（2016年12月号）を加えたものです。

心の嵐を青空に

2016年12月14日　第1版発行

著　者　美輪明宏
発行者　髙杉　昇
発行所　一般社団法人 家の光協会
〒162-8448 東京都新宿区市谷船河原町11
電話　03-3266-9029（販売）
　　　03-3266-9028（編集）
振替　00150-1-4724
印刷・製本　図書印刷株式会社

乱丁・落丁本はお取り替えいたします。
定価はカバーに表示してあります。

ISBN978-4-259-54762-2 C0095